俄罗斯财政治理观察

傅志华 李成威 田雅琼 著

中国财经出版传媒集团
中国财政经济出版社
北京

图书在版编目（CIP）数据

俄罗斯财政治理观察／傅志华，李成威，田雅琼著
．－－北京：中国财政经济出版社，2024.2
ISBN 978－7－5223－2795－2

Ⅰ.①俄… Ⅱ.①傅… ②李… ③田… Ⅲ.①财政经济－研究－俄罗斯 Ⅳ.①F815.12

中国国家版本馆 CIP 数据核字（2024）第 035199 号

责任编辑：李　静　卢关平　　　　　责任印制：张　健
封面设计：孙俪铭

俄罗斯财政治理观察
ELUOSI CAIZHENG ZHILI GUANCHA

中国财政经济出版社 出版

URL：http：//www.cfeph.cn
E－mail：cfeph@ cfeph.cn
（版权所有　翻印必究）

社址：北京市海淀区阜成路甲 28 号　邮政编码：100142
营销中心电话：010－88191522
天猫网店：中国财政经济出版社旗舰店
网址：https：//zgczjjcbs.tmall.com
中煤（北京）印务有限公司印刷　各地新华书店经销
成品尺寸：170mm×240mm　16 开　10.5 印张　156 000 字
2024 年 2 月第 1 版　2024 年 2 月北京第 1 次印刷
定价：58.00 元
ISBN 978－7－5223－2795－2
（图书出现印装问题，本社负责调换，电话：010－88190548）
本社质量投诉电话：010－88190744
打击盗版举报热线：010－88191661　QQ：2242791300

前　言

当前，俄罗斯的财政与经济运行备受国际社会的关注。新冠肺炎疫情、俄乌冲突以及西方制裁给俄罗斯带来多重打击，其财政经济形势面临严峻考验。2022年2月24日，俄罗斯在乌克兰开展特别军事行动，西方国家对俄罗斯经济实施全面围堵。时至今日，俄乌冲突已持续一年半，冲突的长期化对于双方国家乃至整个国际社会都产生了深刻影响。面临复杂多边的国际政治与经济局势，中国该如何做出反应也是十分关键的一环。由此，在当前中俄财经合作日渐增长的趋势下，深入挖掘与探索俄罗斯财政治理问题，对于中国及时应对国际形势变化以及双边合作具有一定启发意义。

俄乌冲突以来，西方国家先后对俄罗斯实施十轮制裁，涉及俄罗斯的能源、经贸等多个领域。从具体的措施看，西方制裁目标主要指向俄罗斯的金融、对俄出口管制以及限制俄商品出口等方面。然而，面对美欧多轮大规模极限制裁，俄罗斯财政与经济在一定程度上表现出了较强韧性。2022年，俄罗斯经济下滑2.1%，远好于国际组织对于俄罗斯经济将会崩溃的预测，一些国际组织预计2023年俄罗斯GDP增速有望转正。与此同时，冲突发生后，俄罗斯联邦财政收入仍处于上升态势，制裁对俄罗斯财政的冲击较为有限。2022年前11个月，俄联邦财政产生盈余7428亿卢布，但由于俄罗斯提前支出了次年部分项目费用，导致12月财政支出激增，联邦财政转盈为亏，全年赤字规模达到GDP的2.3%。即使如此，2022年俄罗斯财政赤字水平仍然远低于疫情爆发的2020年。

由于在发展过程中数次遭遇动荡，俄罗斯在财政经济制度建设中有着强烈的安全意识。独立伊始，俄罗斯经济一度处于严重的衰退和危机之中，联邦财政多年处于大规模赤字状态。进入21世纪后，俄罗斯以"强国富民""经济稳定"为核心推出国家发展战略，走上了具有俄罗斯特色的政治经济发展之路。加之国际经济形势向好，能源价格进入上升区间，俄罗斯财政经济形势大为好转。整体上，俄罗斯经济大致经历了2000—2010年的恢复性高速增长期与2011年后的波动上升期。其间，随着国际国内政治经济形势复杂多变，俄罗斯经济屡遭冲击。例如，2008年俄罗斯格鲁吉亚冲突、2014年克里米亚事件后，西方国家发起对俄经济制裁，致使俄罗斯财政多年处于赤字状态。直至2018年，俄罗斯在"反危机计划"的作用下才结束连续6年的财政赤字。2020年的新冠肺炎疫情以及2022年的冲突与制裁之下，俄罗斯再次遭遇重大打击，财政风险大幅上升。然而，尽管多次面临严峻形势，俄罗斯的财政与经济形势仍然好于预期。

事实上，俄乌冲突发生后，俄罗斯迅速启动部分战时财政经济动员，将国民经济与财政管理体制从平时正常状态转入战时特殊状态。2022年9月21日，普京总统发表讲话，决定在俄罗斯联邦进行部分军事动员，责成各地区首长对特别军事行动提供一切必要协助，要求军工企业解决武器装备增产、扩产等任务，联邦政府应全面统筹解决国防企业的物资和财政保障问题。由此，俄罗斯修订国防采购政策与劳动法规，引导相关企业为特别军事行动服务，并为战时财政经济动员提供充足的劳动力供给；与此同时，俄罗斯进一步完善优抚福利政策，以支持动员期间的兵源扩充。

此外，俄罗斯以调动财政稳定基金为支撑，及时构建了战时财政保障机制。随着"特别军事行动"持续升级，以及西方国家不断加码的全方位制裁，俄罗斯陆续出台了一系列财政保障措施，旨在确保国防物资供应、兵源补充等战争所急需的财政支撑。为此，俄联邦财政部紧急调动财政储备，具体措施包括从稳定基金向联邦预算调入资金，并将新发生的本应记入稳定基金的超额油气收入临时划拨联邦预算，以此缓解联邦财政的支出压力、保障联邦财政平稳过渡。由此，在这场局部战争背景之下，俄罗斯财政经济动员迅速启动且有条不紊，既统筹考虑战争中的财力保障与平常财政经济的平稳运行，同时也兼顾传统安全需要与全面经济制裁之下的非传统安全因素，充分挖掘并有效发挥了国家财政经济潜力。

财政稳定基金是俄罗斯政府预算政策和经济政策不可或缺的组成部分，也是俄罗斯预算稳定机制运行的重要工具。近20年的发展实践证明，俄罗斯稳定基金是其预算改革中较为成功的案例。稳定基金的建立与俄罗斯资源型财政的特征紧密相关。由于联邦财政具有典型的资源依赖特征，俄罗斯约一半的财政收入都来源于石油与天然气产业的税收征缴。然而，资源价格频繁波动及其数量有限的特征，使俄罗斯财政收入的增长缺乏稳定与可持续性。为此，俄罗斯一直致力于推进降低资源依赖、优化财政收入结构的预算体制改革，设立财政稳定基金是其中重要的举措之一。俄罗斯于2004年设立稳定基金，将政府在资源丰沛期与资源价格上升期获得的超额收入储存起来，以备经济危机时使用，达到稳定财政与经济、降低通货膨胀压力、减轻国民经济对能源的依赖等目标。随着国际油价上涨，该基金规模一度达数千亿美元，占GDP的比重最高时近13%。几经改革整合，现称"国家福利基金"，构成俄罗斯重要的财政储备资源。战争及制裁之下，俄罗斯国家福利基金为应对危机发挥了至关重要的作用。不仅如此，在俄罗斯经历的数次经济危机中，稳定基金为"反危机计划"提供了重要的财政支持，有效发挥了平抑经济与财政波动的功能。

进入2023年后，战争与制裁对俄罗斯财政的影响开始逐渐显现。油价下跌、油气收入锐减成为俄罗斯财政面临的重大风险。2022年12月5日，欧盟禁止进口俄罗斯的海运原油，七国集团等对俄罗斯的原油实施最高限价；2023年2月5日，欧盟禁止进口俄罗斯的海运成品油，七国集团等对俄罗斯的成品油实施最高限价。为了获取所需的石油出口收入，俄罗斯不得不大幅打折出售国内石油。2023年6月，乌拉尔石油的价格跌至55.84美元/桶，同比下滑35%，比2022年底下跌了12%。随着油价进入下跌区间，2023年1—5月，俄油气收入低于预算草案计划的基准收入4000亿卢布，即不仅没有获得超额收入，还造成基本财政收入的短缺。有数据显示，在2022年底俄罗斯就有超过1/3的联邦主体政府收入大幅下滑，其中5个联邦主体的财政面临崩溃。进入2023年后，俄罗斯联邦财政收支缺口逐月递增，至5月赤字规模已增至3.4万亿卢布，是全年计划赤字的1.2倍。在这种情况下，俄罗斯将当前反危机措施的重点放在稳定预算、平衡贸易以及尽可能稳定通货膨胀等方面。

整体上看，俄罗斯财政经济依然保持较为平稳的运行状态。联邦财政收入逐月递增，国家福利基金储备仍然较为丰沛。然而不容忽视的是，西方国家的制裁虽没有击垮俄罗斯经济，却在一定程度上破坏了其发展潜力。国际货币基金组织在全球经济展望报告中指出，2022年的高油价支撑了俄罗斯当年的经济活动，但2023年以来国际油价下跌，俄罗斯出售的石油价格将面临大幅收缩，其财政状况会更加复杂，经济复苏也只是基础效应。2023年，俄罗斯联邦财政状况开始出现剧烈波动，预算缺口迅速扩大、通货膨胀加剧、油气贸易形势极为严峻等问题，加剧了俄罗斯陷入长期经济危机的风险。未来俄罗斯财政经济形势如何发展，仍有待进一步观察。

在西方实施全面制裁的背景下，中俄关系将是中长期俄罗斯东方政策的主要方向。首先，近年中俄贸易发展迅速，进出口总额稳步上升。2022年，中国与俄罗斯进出口总额达12761亿元，同比增长34.5%，增速达近5年最大值。2023年1—7月，中俄进出口额达9320亿元，同比增长46.3%。其次，面临西方国家的能源制裁，俄罗斯逐渐完成了将石油出口从西向东、从欧洲向亚洲的改道。2023年3月，中国和印度占俄罗斯海上石油出口总量的91%。最后，当前人民币是俄罗斯主要的外汇储备货币之一，俄罗斯国家福利基金约60%的资金以人民币形式持有。为了解决俄罗斯的货币短缺问题，俄财政部计划开展人民币掉期交易，即通过货币互换向商业参与者提供以卢布为担保的人民币，目的是扩大预算收入。2023年2月，俄罗斯人民币月交易量首次超过美元，至年底，其人民币交易量有可能超过美元和欧元的交易总量。

需要说明的是，本书是在服务于中俄双边财经交流与合作的过程中逐渐形成的，因此与以往专著系统性的论述不一样，本书更多地是以专题的形式呈现，每个专题反映俄罗斯财政治理的一个侧面。希望通过研讨当前俄罗斯所面临的财政经济风险及其应对措施，对中俄合作以及我国应对复杂国际局势具有一定启示意义。本书由傅志华研究员、李成威研究员和博士后田雅琼合作完成，研究实习员林琳搜集整理了部分研究资料。感谢中国财政经济出版社编辑卢关平为出版本书所付出的努力。

作者

2023年10月

目　　录

第一章　俄罗斯财政经济背景与发展概况 ……………………（ 1 ）
　　一、艰难转型的俄罗斯经济 ………………………………（ 2 ）
　　二、频繁波动的俄罗斯联邦财政 …………………………（ 11 ）
　　三、小结 ……………………………………………………（ 27 ）

第二章　以民生保障为重点的俄罗斯政府支出 ……………（ 28 ）
　　一、俄罗斯联邦预算制度发展历程 ………………………（ 28 ）
　　二、以法律规范各级政府支出范围 ………………………（ 31 ）
　　三、基于社会政策为重点的支出结构 ……………………（ 33 ）
　　四、小结 ……………………………………………………（ 49 ）

第三章　以简化税制、减轻税负为核心的俄罗斯税制改革 …（ 51 ）
　　一、以税收为重点的政府收入 ……………………………（ 51 ）
　　二、通过税制改革优化收入结构 …………………………（ 58 ）
　　三、俄罗斯联邦政府税收改革重点 ………………………（ 62 ）
　　四、俄罗斯联邦主体与地方政府税收改革重点 …………（ 74 ）
　　五、总结与启示 ……………………………………………（ 79 ）

第四章　以促进公共服务均等化为目标的俄罗斯转移支付安排 ……（ 82 ）
　　一、以实现财政能力均等化为核心的转移支付体系 ……（ 82 ）
　　二、俄罗斯联邦对联邦主体的转移支付不断扩大 ………（ 87 ）
　　三、联邦主体对地方的转移支付更加聚焦民生保障 ……（ 97 ）
　　四、总结与启示 ……………………………………………（102）

第五章　以平抑经济波动为主旨的俄罗斯预算稳定基金 ………… (104)
　　一、以充实的财政储备防范经济危机 ………………………… (104)
　　二、俄罗斯国家福利基金对冲财政风险的作用 ……………… (108)
　　三、对俄罗斯国家福利基金对冲疫情风险的再判断 ………… (112)
　　四、总结与启示 ………………………………………………… (116)

第六章　俄罗斯财政与央行配合应对西方全面制裁 …………… (120)
　　一、俄乌冲突引发西方对俄罗斯的全方位制裁 ……………… (120)
　　二、协调财政政策与货币政策以稳定经济 …………………… (128)
　　三、在"去美元化"进程中逐步打造"强势卢布" ………… (137)
　　四、俄罗斯的反制措施取得有益成效 ………………………… (139)
　　五、总结与启示 ………………………………………………… (141)

第七章　俄乌冲突背景下俄罗斯启动战时财政经济动员 ……… (143)
　　一、以财政经济动员满足国防企业物资需求 ………………… (143)
　　二、基于预算稳定基金构建战时财政保障机制 ……………… (148)
　　三、俄罗斯财政面临的形势与挑战 …………………………… (151)
　　四、总结与启示 ………………………………………………… (156)

第一章　俄罗斯财政经济背景与发展概况

俄罗斯是联邦共和立宪制国家，由 85 个联邦主体①组成，包含 193 个民族，其中俄罗斯族占 77%。苏联解体后，俄罗斯财政经济一度处于严重的衰退和危机之中。进入 21 世纪以来，俄罗斯以"强国富民""经济稳定"为核心推出《俄罗斯联邦 2010 年前发展战略》，理清发展思路、调整经济政策、明确发展方向，走上了具有俄罗斯特色的政治经济发展之路。加之外部环境变化，特别是石油价格上升，俄罗斯财政经济形势大为好转。2012 年，俄罗斯加入世界贸易组织，成为世界贸易组织第 156 个成员国。然而，随着国际国内政治经济形势变化，俄罗斯经济发展屡遭冲击，包括 2008 年俄罗斯格鲁吉亚冲突、2014 年克里米亚事件后，西方国家发起对俄经济制裁。2022 年，俄乌冲突爆发，俄罗斯更是遭到美西方国家前所未有的全面围堵制裁，财政经济形势面临严峻考验，但仍表现出较大韧性。基于此，本章针对俄罗斯 2000 年以来的财政与经济形势进行梳理，探索其间俄罗斯所经历的数次危机及其对财政经济的影响，据此了解俄罗斯近年的财政经济形势与走向。

---

① 1991 年，俄罗斯独立时共有 89 个联邦主体。之后，俄罗斯若干联邦主体合并，联邦主体个数减少为 83 个。2014 年，克里米亚与塞瓦斯托波尔成为俄罗斯新的联邦主体，但未获得国际社会普遍承认。

一、艰难转型的俄罗斯经济

独立以来,俄罗斯的经济形势由独立初期的动荡,逐渐走向波动上升的区间。进入 21 世纪后,复杂的国际政治经济形势导致俄罗斯财政经济遭遇数次波动,政府的反危机计划在一定程度上拉动经济回升,但仍给俄罗斯经济带来了不同程度的负面冲击。整体来看,2000 年后俄罗斯财政经济发展大致可以分为三个阶段:2000—2010 年的恢复性高速增长期,2011—2019 年的缓慢上升期与 2020 年后的经济波动期。

(一)国家干预与市场调节相结合,经济逐步复苏(2000—2010 年)

2000 年后,俄罗斯开始进入普京时代,俄罗斯政府继续推进以提振经济、提升居民收入为主要目标的市场经济改革。与叶利钦时期的改革不同,普京总统强调俄罗斯的经济改革应围绕如下要点展开:①俄罗斯实施市场经济改革的前提是建立强有力的中央政权,使各项改革在政局稳定的大环境下进行;②杜绝没有根据的经济干预,但这并不代表完全取消俄罗斯政府的宏观调控[1],俄罗斯需要有针对性的、适度的国家干预政策,有效结合政府干预与市场调节的机制;③将与民生息息相关的社会政策改革作为最重要的任务;④制定经济发展战略。普京指出,为增强国内凝聚力、进一步提升俄罗斯政府与社会的信心,政府制定目标明确、规划清晰的经济发展战略是十分必要的[2]。

2000—2010 年,俄罗斯逐步从严峻的经济危机中摆脱出来,保持了多年的高速增长,经济形势明显好转。

1. 国内生产总值高速增长

在经历了长达 8 年(1991—1998 年)的经济衰退期后,2000—2010 年,俄罗斯经济进入恢复性增长期,GDP 由 24.7 万亿卢布增至 39.8 万亿

---

[1] (俄)普京. 普京文集 [M]. 北京:中国社会科学出版社,2002.
[2] 陆南泉. 俄罗斯国家转型研究 [M]. 北京:社会科学文献出版社,2013.

卢布，累计增长60.3%；人均GDP由17.7万卢布上升至28万卢布，累计增长58.2%。在这一时期，俄罗斯的经济增长大致经历了2000—2008年的平稳增长期与2008—2010年的波动上升期（见图1-1）。

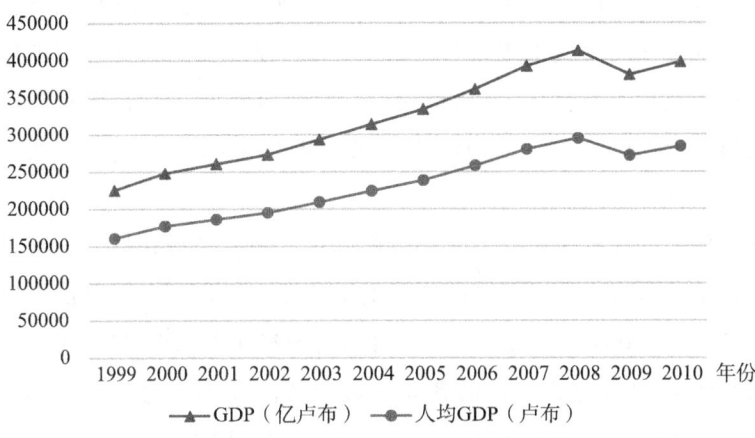

图1-1　1999—2010年俄罗斯国内生产总值及其变动情况①

资料来源：俄罗斯联邦统计局网站，http://www.gks.ru/.

其实，早在1999年，俄罗斯经济就已经进入上升期，国内生产总值增长了6.4%，摆脱了连续六年的经济负增长状态。1999年至2007年间，俄罗斯GDP以年均7%的增速上涨，GDP累计增长近74%。2007年，俄罗斯GDP总量为39.2万亿卢布，人均GDP达到28万卢布。

2008年，全球金融危机爆发，国际油价下跌，由于具有较强的能源依赖性，俄罗斯经济遭受重创。当年，俄罗斯GDP增长率为5.3%，同比减少3.2个百分点；工业产值增长2.1%，同比减少4.2个百分点。从2008年10月开始，俄罗斯工业生产已几乎处于停滞状态，一些工业部门开始宣布减产。金融危机的影响在2009年表现得更为突出，当年俄罗斯国内生产总值为38万亿卢布，同比下降7.8%，创下俄罗斯独立以来的最高跌幅。

然而，从危机爆发前的形势看，俄罗斯经济连续9年保持稳定增长，国际油价上涨仍有拉动经济回升的空间。同时，为遏制金融危机带来的破坏性影响，俄罗斯采取了积极的应对措施。自2008年9月意识到金融危机

---

① 数据以2008年价格计算得出。

的严重性后，俄罗斯选择以政府干预为主的调控办法，相继推出一系列反危机措施，希望通过增加有效需求、刺激投资以稳定经济。期间，俄罗斯采取的具体措施包括：①提高财政支出效率，减少赤字；②进行新一轮税收改革，减轻企业税负；③加强实体经济的预算补贴；④利用储备基金稳定经济；⑤提升民生支出规模等。其中，俄罗斯稳定基金[①]为实施反危机计划提供了充足的资金支持。2009年3月至2010年3月，俄罗斯稳定基金共支出33164.6亿卢布；2010年4月至2011年3月，储备基金再次支出9072.6亿卢布。

在两年的反危机计划中，俄罗斯重点对金融业进行扶持，为吸引国内外投资，俄罗斯为国有银行提供信用支持，提高银行信誉，以期提供稳定的金融环境[②]。2009年，俄罗斯向对外贸易银行注资2000亿卢布，向对外经济银行注资1300亿卢布，向各商业银行共注资2250亿卢布。2010年，俄罗斯反危机计划的成效显现，加上国家油价回调的拉动作用，使俄罗斯经济迅速止跌回升；同年，俄罗斯国内生产总值达397622亿卢布，同比增长4.5%；2011年，俄罗斯GDP继续升至41458亿卢布[③]，同比增长5.3%。

2. 主要经济指标明显好转

随着经济回升，俄罗斯2001—2010年的经济指标也明显好转。其中，与1991—1995年相比，俄罗斯2006—2010年的固定资产年均增长率上升2.1个百分点，失业人数年均增长率下降了17.3个百分点；工业与农业生产、固定资产投资、零售营业额、就业人数和有偿服务的年均增长率均由负转正，实现了较大幅度的提升。在此期间，由于受到经济危机的影响，俄罗斯爆发了一系列社会问题，如卢布大幅贬值、失业率高涨、通货膨胀率上升、企业债务状况恶化、资本外逃、工业部门宣布减产等，使得俄罗斯多项经济指标呈现下滑趋势，其中工业生产、固定资产投资、对外贸易

---

① 根据《俄罗斯联邦预算法典》相关规定，俄罗斯于2004年1月1日正式设立"稳定基金"。2008年1月1日，"稳定基金"被拆分成两部分："储备基金"和"国民福利基金"，前者用于弥补俄罗斯联邦预算赤字，后者用于补充俄罗斯养老基金赤字。
② 雷婕. 俄罗斯资源型财政可持续发展研究 [D]. 中央财经大学, 2018.
③ 资料来源：俄罗斯联邦统计局网站, http://www.gks.ru/.

额等年均增长率变化尤为突出。与 2001—2005 年相比，俄罗斯 2006—2010 年工业生产年均增长率下降 3.3 个百分点，固定资产投资下滑 2.4 个百分点，对外贸易额下降 8.5 个百分点。与此同时，俄罗斯失业人数出现上升态势，年均增长率达到 1.5%（见表 1-1）。

表 1-1　1991—2010 年俄罗斯主要经济指标年均增长情况　　单位：%

年份	1991—1995	1996—2000	2001—2005	2006—2010
工业生产	-13.0	1.0	5.6	2.3
农业生产	-7.7	-1.95	2.3	1.2
固定资产	1.2	0	1.3	3.1
固定资产投资	-20.5	-1.5	12.3	9.9
零售业营业额	-1.8	1.0	11.0	8.7
最终消费	—	0.5	7.7	5.5
年均就业人数	-2.7	-0.5	0.7	0.1
失业人数	19.8	1.2	-4.9	1.5
有偿服务	-24.9	2.0	5.3	3.4
对外贸易额	—	-1.1	19.8	11.3

资料来源：俄罗斯联邦统计局网站，http://www.gks.ru/.

（二）内忧外患双重制约，经济波动加剧（2011—2019 年）

2014 年，由于内部经济结构性矛盾积累，以及克里米亚危机等外部因素的冲击，俄罗斯再度遭遇经济危机，经济一再下滑。随后，俄罗斯再次启动反危机计划，通过直接划拨资金、进行结构性改革等措施应对危机。实践证明，俄罗斯的反危机计划有效抑制了经济下跌，从 2016 年开始，俄罗斯经济止跌回升，经济形势得以有效控制。

1. 国内生产总值先降后升

2011 年以后，俄罗斯经济增速明显放缓。2011—2019 年，俄罗斯 GDP 总量由 60.3 万亿卢布上升至 70.4 万亿卢布，累计上升 16.7%；同期，俄 GDP 年增长率由 4.3% 增至 6%。其间，由于受到 2014 年经济危机的负面影响，俄罗斯在 2015 年的 GDP 增长率跌至 -2.8%。

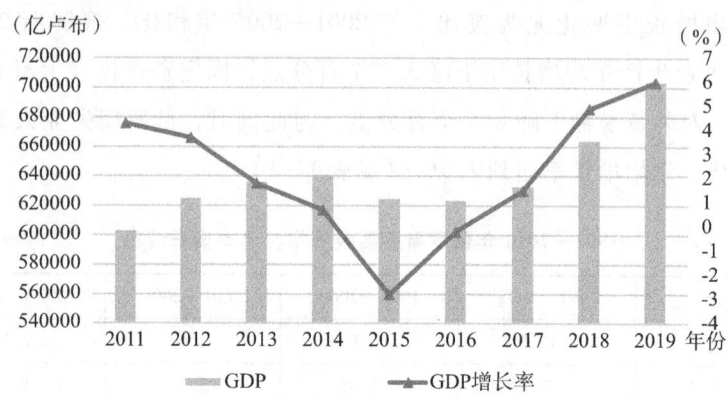

图 1-2　2011—2019 年俄罗斯国内生产总值及其变动情况①

资料来源：俄罗斯联邦统计局网站，http://www.gks.ru/.

2012—2013 年，在国际油价高涨的情况下，俄罗斯经济增长率一再下降至 3.7% 与 1.8%，这表明俄罗斯 "高油价支撑经济增长" 的传统模式难以继续维持。对于导致这一时期俄罗斯经济疲软的原因分析，存在两种主流观点：①总需求萎缩导致俄经济下滑。俄罗斯经济发展部认为，全球总需求萎缩是导致这两年俄罗斯经济下滑的主要原因。一直以来，出口是拉动俄罗斯经济增长的重要动力。2003—2011 年（除 2009 年外），俄罗斯出口额保持年均 30% 的增长率。2012 年，俄罗斯出口额增长率迅速降至 2.3%，2013 年则仅为 0.01%。②俄罗斯正陷入 "中等收入陷阱"。与发达国家相比，俄罗斯缺乏人力资本和新兴技术，创新优势不足；与低收入国家相比，由于俄罗斯劳动力相对稀缺，因此劳动力价格较高，不像低收入国家拥有相对廉价的劳动力，所生产的产品也不具备价格优势②。可以看出，即使没有受到油价下跌、国际制裁等外部不利因素影响，俄罗斯因其内部结构性矛盾，已经开始进入经济疲软期。

2014 年，乌克兰危机爆发，由此引发的欧美经济制裁、国际油价下跌等不利因素，使俄罗斯经济再次陷入危机。同年，俄罗斯 GDP 增长率仅为 0.7%。2015—2016 年，俄罗斯经济呈现负增长，GDP 增长率分别为

---

① 数据以 2011 年价格计算得出。
② 童伟. 2015 年俄罗斯财经研究报告 [M]. 北京：经济科学出版社，2016.

−2.8%、−0.2%。可以说，虽然俄罗斯内部经济结构性矛盾以及经济周期性因素是导致危机加深的重要原因，但外部不利因素则是诱发此次俄罗斯经济危机的直接导火索。2014年克里米亚事件后，俄罗斯就与西方大国处于对抗之中，金融和技术制裁使俄罗斯主要出口产品价格下跌，2014年国际油价大幅下滑，进一步打击了本就脆弱的俄罗斯经济，导致俄罗斯经济出现负增长。

2015年，俄罗斯政府启动反危机计划，于1月27日通过了《2015年确保经济可持续发展和社会稳定的优先措施》。依据该计划的任务，俄罗斯政府划拨2.3万亿卢布重点支持优先发展领域，包括进口替代以及非能源类商品（包括高新技术产品）的出口、促进中小企业发展、补偿困难人群（如多子女家庭、老年人）等7个重点方向。该计划主要以直接划拨资金的方式抑制经济下滑、控制经济形势。

2016年3月1日，俄政府又通过《2016年确保俄罗斯经济社会稳定发展的政府行动计划》，该计划既涉及稳定经济局势的紧急措施，又考虑到保障经济稳定发展的结构性改革。与2015年的反危机措施相比，俄罗斯2016年的行动计划不再仅仅是应急性地划拨资金，而是立足长远，以实现经济的长期可持续发展为主要目标。

事实证明，这一系列反危机措施发挥了有效作用，俄罗斯经济开始止跌回升。2017年，俄罗斯GDP为63.3万亿卢布，同比增长1.5%，摆脱了连续两年的经济负增长。2018—2019年，俄罗斯经济持续上升，2019年经济增长率为6%，达到近十年的最大值。

2. 主要经济指标增速放缓

自2011年起，俄罗斯多项经济指标开始出现显著下滑。2011—2013年，俄罗斯进出口、工业、农业、建筑业、批发贸易以及固定资产投资增幅剧烈下降，均已接近零增长。2014年的经济危机对俄罗斯各产业再度冲击，使俄罗斯的消费、投资等领域迅速产生负增长。2015年，俄罗斯进出口总额同比下降0.3%；固定资产投资下降10.1%，固定资产投资下滑导致俄工业衰退，工业产值下降3.4%；居民消费水平下降，家庭最终消费额同比下滑9.4%，批发贸易与零售贸易分别下滑5.5%、10%。

2014年的经济危机对俄罗斯经济的负面影响相比于2008年更加持久，直至2016年，在一系列反危机计划的作用下，俄罗斯各经济指标的下降趋势才开始放缓。2016年，俄罗斯进出口贸易同比下降0.1%；零售贸易与家庭最终消费分别下滑4.6%、2.8%；固定资产投资下滑幅度明显降低，同比下降0.2%，投资下滑趋势放缓在一定程度上拉动俄罗斯工业生产，工业产值同比上升1.3%。2017年，俄罗斯工业、农业产值分别增长3.7%、2.9%；进出口、零售贸易、家庭最终消费与固定资产投资都实现了正增长，增长率分别为0.3%、1.3%、3.4%与4.8%；批发贸易也实现了7.9%的增长；不过，建筑业上升动力仍不足，同比下降1.3%。2019年，俄罗斯工业生产、农业生产与建筑业增长率分别上升至3.3%、4.3%与6.2%，零售贸易额与家庭最终消费也同比增长1.9%、2.4%（见表1-2）①。

表1-2　2011—2019年俄罗斯的宏观经济指标（年增长率）　　　单位：%

年份	2011	2012	2013	2014	2015	2016	2017	2018	2019
进出口	30.6	3.5	0.01	-0.05	-0.3	-0.1	0.3	4.3	—
工业生产	5.0	3.4	0.4	1.7	-3.4	1.3	3.7	3.5	3.3
农业生产	23.0	-4.8	5.8	3.5	2.6	4.8	2.9	-0.2	4.3
建筑业	5.1	2.5	-0.1	-2.3	-3.9	-2.2	-1.3	-4.5	6.2
批发贸易	4.4	3.6	0.7	3.0	-5.5	2.6	7.9	2.7	0.7
零售贸易	7.1	6.3	3.9	2.7	-10.0	-4.6	1.3	2.8	1.9
家庭最终消费	6.8	7.9	5.2	2.0	-9.4	-2.8	3.4	2.8	2.4
固定资产投资	10.8	6.8	0.8	-1.5	-10.1	-0.2	4.8	5.4	1.7

资料来源：俄罗斯统计年鉴（Российский статистический ежегодник）.

（三）新冠肺炎疫情与战争双重打击，俄罗斯经济遭遇重创（2020—2022年）

新冠肺炎疫情（以下简称疫情）的暴发给俄罗斯经济带来沉重打击。2020年，由疫情引发的全球封锁、油价下跌、俄罗斯与沙特阿拉伯新一轮

---

① 资料来源：俄罗斯联邦统计局网站，http://www.gks.ru/compendium/document/50801.

减产协议谈判破裂、西方国家制裁等，一系列内外部因素的冲击导致俄罗斯经济急剧衰退。2022年，俄乌冲突爆发，西方国家对俄罗斯采取全面制裁措施，俄经济面临较大潜在风险。

1. 国内生产总值触底反弹

2020年，俄罗斯GDP总量为89.2万亿卢布，相比于2019年下滑2.7%，人均GDP下降5.4%，遭遇了近20年最严重的经济衰退；其间，第一季度经济跌幅最大，环比下跌13%，第二季度环比下跌1.9%。在实施反危机计划与救市措施之后，第三与第四季度经济有所缓和。同年第三季度，俄罗斯GDP为23万亿卢布，环比上涨13.3%；第四季度，俄GDP环比上升9.4%。

2021年，俄罗斯疫情状况有所好转，GDP稳步回升。当年，俄罗斯GDP总量为94.2万亿卢布，同比增长5.6%。此外，俄罗斯的外贸出口也呈现增长的态势，整体来看，2021年的形势要好于2020年。依据标准普尔的评估，俄罗斯经济的下降幅度远小于发达国家与许多新兴市场经济国家，俄罗斯政府提供的反危机支持计划、较低的公共债务水平与灵活的货币政策发挥了积极作用。从全球范围来看，俄罗斯GDP、购买力等指标分别排在全球第6位、欧洲第2位。对于俄罗斯经济未来的走向，据《纽约时报》的报告，俄罗斯完全有机会更轻松地度过这场全球危机。但国际分析机构彭博对俄罗斯经济未来走向持悲观态度，认为俄罗斯的危机状况会危及中亚各国的经济。

2022年2月，俄罗斯在乌克兰开展特别军事行动，西方国家开始对俄罗斯经济实施全面围堵制裁。然而，在一系列反危机与反制裁措施之下，俄罗斯的经济表现好于预期。2022年，在战争与制裁的双重影响下，第一季度俄GDP环比下滑19.5%；并迅速于第二季度转负为正，GDP总量环比增长0.6%，第三季度与第四季度俄GDP环比涨幅分别为7.9%、11.3%。从全年来看，俄GDP总量为92.2万亿卢布，同比下滑2.1%，远好于国际组织对于俄罗斯经济将会崩溃的预测（见图1-3）。

2. 主要经济指标有所好转

俄罗斯经济在2020年受疫情冲击较大，主要经济指标表现较为低迷。

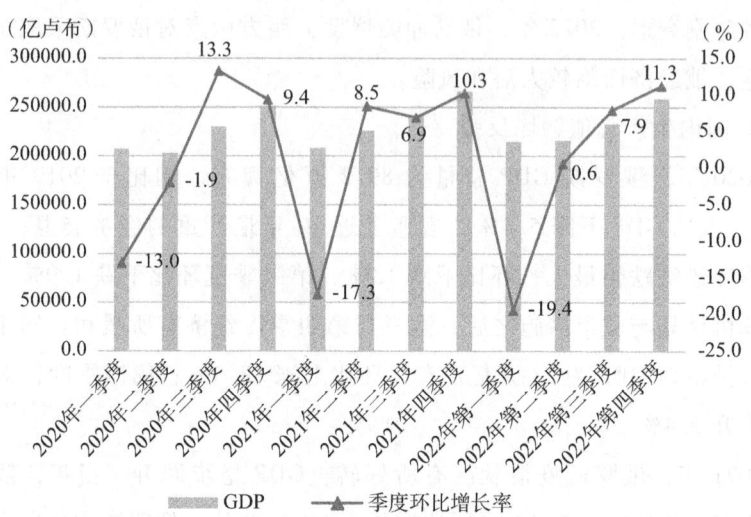

图 1-3　2020—2022 年俄罗斯国内生产总值季度变动情况①

资料来源：俄罗斯联邦统计局网站，http://www.gks.ru/.

其中，进出口大幅下降 14.8%，家庭最终消费同比下降 4.9%，零售贸易同比下降 3.2%，工业生产与固定资产投资分别下滑 2.1%、0.5%；此外，农业生产同比增长 1.3%，建筑业小幅上升 0.2%。2021 年，俄罗斯主要宏观经济指标几乎都止跌回升。例如，进出口贸易大幅增长 39.2%，建筑业同比上升 12.7%，工业生产同比增长 6.4%。2022 年，俄乌冲突与西方制裁对俄罗斯经济造成巨大压力，但各项经济指标表现好于预期。据初步统计，2022 年俄罗斯农业生产同比增长 10.2%，建筑业同比增长 11%，固定资产投资同比增长 7.8%；同年，批发贸易同比下降 14.5%，零售贸易下滑 6.7%，工业生产小幅下滑 0.6%；此外，俄罗斯人口实际可支配收入同比降幅仅为 1%。2014 年克里米亚危机以来，俄罗斯人口实际可支配收入仅在 2018 年、2019 年与 2021 年实现了正增长，其余年份均为负增长，其中 2017 年下降幅度最低，为 -0.5%，其次为 2022 年的 -1%（见表 1-3）。

---

① 数据以 2016 年价格计算得出。

表 1-3　　2020—2022 年俄罗斯的宏观经济指标（年增长率）　　　单位:%

年份	2020	2021	2022
进出口	-14.8	39.2	—
工业生产	-2.1	6.4	-0.6
农业生产	1.3	-0.4	10.2
建筑业	0.2	12.7	11
批发贸易	—	5.9	-14.5
零售贸易	-3.2	7.8	-6.7
家庭最终消费	-4.9	7.2	—
固定资产投资	-0.5	7.7	7.8

资料来源：俄罗斯统计年鉴（Российский статистический ежегодник）.

二、频繁波动的俄罗斯联邦财政

受市场经济改革的影响，俄罗斯联邦财政经历了较大波动。转型初期，俄罗斯财政多年处于大规模赤字状态，财政陷入困境。2000 年后，国际石油价格一路上涨，拉动俄罗斯财政收入猛增，财政状况好转，由赤字转为连年巨额盈余。2009 年，俄罗斯再度遭遇金融危机冲击，联邦财政迅速产生庞大的赤字，此后，俄罗斯多年处于赤字状态。直至 2018 年，在俄罗斯反危机计划发挥作用以及国际油价上升的趋势下，联邦财政再次产生盈余。2020 年的疫情暴发以及 2022 年的俄乌冲突与西方制裁之下，俄罗斯财政受到较大冲击，联邦财政再次转盈为亏。

（一）收入好转，财政状况较为平稳（2000—2011 年）

2000 年后，国际油价进入上升轨道。随着石油收入迅猛上升，2000 年俄罗斯财政收入逐渐超过财政支出，联邦财政转亏为盈，结束了独立以来连续多年的财政赤字状态。2000—2011 年，俄罗斯联邦政府财政收入由 11321 亿卢布上升至 113660 亿卢布，累计增长 9 倍，年均增长率为 25.2%；联邦政府财政支出由 10292 亿卢布上涨至 109352 亿卢布，累计扩大近10倍,年均增长率为24.8%。可以发现,在此期间俄联邦财政收入的年均增长率略高于财政支出增长率。期间,2000—2008年,俄罗斯联邦财政收入始终大于财政支出,财政盈余由1029亿卢布逐渐升至15381亿卢布,累计增长约14倍。直至2009年,受到全球金融危机的冲击,俄罗斯联邦财政支出迅速反超总收入,财政状况由盈余转为赤字(见图1-4)。

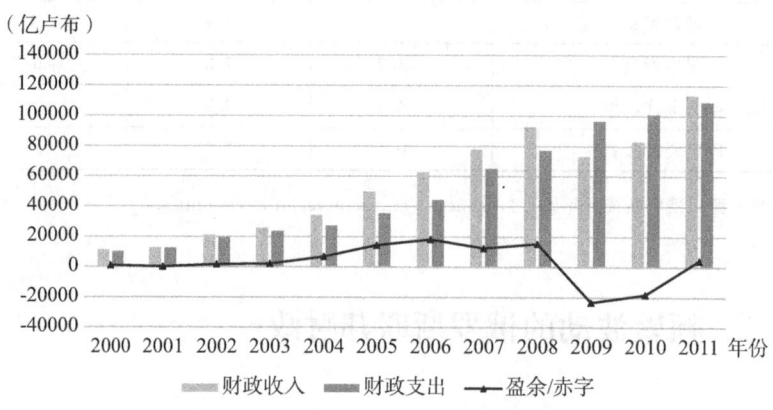

图1-4　2006—2011年俄罗斯联邦财政收支情况

资料来源:俄罗斯联邦统计局网站,http://www.gks.ru/.

由于受到金融危机的影响,2009年,俄罗斯国民生产总值创下独立后的最高跌幅,联邦财政收入也严重受创,成为20国集团中衰退最为严重的国家。2009年,俄罗斯联邦政府财政收入额为73378亿卢布,同比下降20.9%,出现了十年间的首次负增长;而俄罗斯联邦财政支出额惯性上升至96601亿卢布,同比增长24.8%,使同期财政赤字迅速扩张至23223亿卢布。

在意识到金融危机影响的严重性后,俄政府相继推出了一系列反危机政策,在提高政府支出效率的同时扩大预算收入,减少联邦财政赤字。俄罗斯政府希望通过增加社会有效需求、刺激投资等措施,恢复经济发展。在反危机政策的作用下,2010—2011年俄罗斯经济状况有所回升,居民收入水平提高,联邦财政收入也随之上涨。2011年,俄罗斯联邦财政收入增长率为36.9%,甚至超过遭遇金融危机之前的水平;财政收入的大幅度上升,使其绝对额超越财政支出规模,俄罗斯联邦政府再次产生财政盈余。

(二) 赤字不断，财政运行不平稳 (2012—2019 年)

2012 年以来，俄罗斯联邦财政的运行状况较不稳定。2012—2017 年，俄罗斯联邦财政连续六年赤字运行，而且赤字额逐年扩大。2012 年，俄联邦财政收入 128555 亿卢布，财政支出 128950 亿卢布，产生了 395 亿卢布的财政赤字。2017 年，俄联邦财政收入额上升至 150895 亿卢布，财政支出却猛增至 164258 亿卢布，联邦财政赤字增加至 13363 亿卢布（见图 1-5）。2012—2017 年期间，俄罗斯联邦财政收入累计增长 17.4%；联邦财政支出累计增长 27.4%，高出收入增长率 10 个百分点。可以发现，俄罗斯联邦财政收入增长动力明显不足。

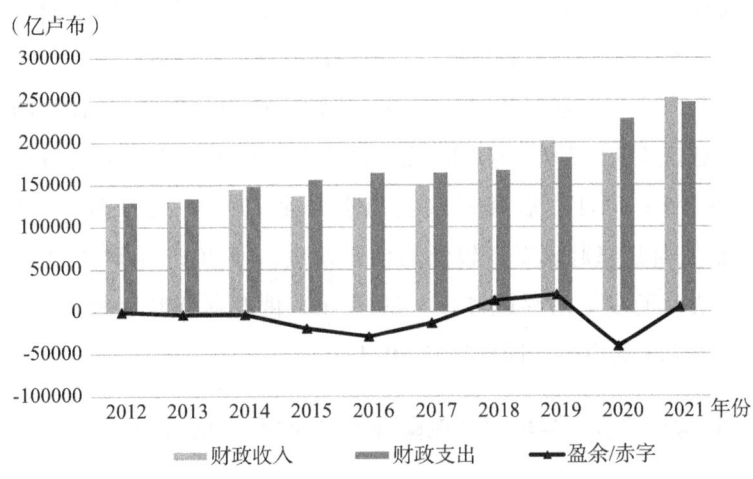

图 1-5 2012—2021 年俄罗斯联邦财政收支情况

资料来源：根据俄罗斯联邦财政部官方网站数据整理，https://minfin.gov.ru/ru/statistics/fedbud/.

2014 年，俄罗斯又遭遇新一轮经济危机，导致 2015—2016 年俄联邦财政收入连续两年出现负增长。2015 年，俄联邦财政收入降至 136592 亿卢布，同比下降 5.8%。2016 年后半年，国际原油价格出现一定回升，由年初每桶 27.8 美元上升到每桶 41.8 美元，使得俄罗斯财政收入状况在一定程度上得以改善。与上一年相比，2016 年俄财政收入跌幅大为减少，降至 1.5%。然而，连续两年的财政收入下滑，使俄罗斯联邦财政赤字一度攀升至顶峰，2016年为29564亿卢布，达到了近十年的最大值。

为消除经济危机的负面影响，俄罗斯政府积极启动反危机计划，这些计划不仅拯救了俄罗斯的经济状况，也及时挽救了俄罗斯的财政危机。2015年，俄罗斯政府制定的反危机计划重点之一是优化财政预算支出，降低或取消低效支出。由此，2016—2017年，俄联邦财政支出增长率仅为0.1%，几乎保持不变。同时，在反危机计划的作用下，俄罗斯经济止跌回升，加上国际油价的进一步攀升，使俄财政收入大幅提高。2017年，俄罗斯联邦财政收入额为150895亿卢布，同比上涨12.1%；迅速上升的财政收入与增速放缓的财政支出，使俄罗斯联邦财政赤字额大幅下降，同期下降为13363亿卢布，相比于2016年降低了54.8%。《2018—2020年俄罗斯联邦预算》指出，俄罗斯经济结构日趋优化、预算赤字已保持在可控范围内，这些都为俄罗斯经济与财政状况的回升奠定了基础。

2018—2019年，俄罗斯财政在两轮反危机计划的作用下出现好转，两年均产生财政盈余。2018年，俄联邦财政收入扩大至187475亿卢布，同比增长24.2%；同年，联邦财政支出上升至174345亿卢布，同比上升6.1%。俄罗斯联邦财政支出较低的增长速度，使2018年财政盈余13130亿卢布，结束了多年的财政赤字。2019年，俄罗斯联邦财政盈余继续累积，升至19743亿卢布，同比增长50.4%。

（三）疫情暴发，联邦财政风险猛增（2020—2021年）

新冠肺炎疫情是2020年世界经济发展的"黑天鹅"事件，作为全球重要经济体之一的俄罗斯，是受疫情深度影响的国家。在疫情冲击下，俄罗斯经济停顿十分严峻，许多企业难以维持运营，失业人数不断攀升。为第一时间减缓疫情冲击，俄罗斯推出一系列救助性措施、支持性货币与财政政策。由此，俄罗斯联邦财政支出大幅增长，财政赤字也不断攀升，联邦财政承担着巨大的风险与压力。

1. 新冠肺炎疫情对俄罗斯财政的影响路径

由于疫情暴发，俄罗斯财政同时受到来自内部环境与外部环境的冲击。内部环境表现在国内供给与需求下滑引发经济衰退，一系列的反危机计划使联邦财政面临巨额支出；外部环境则表现在油价下跌导致俄罗斯财政收入下滑，财政赤字上升。

一方面，从内部环境看，出于疫情防控需要，俄罗斯从3月16日开始实施隔离和出行限制，这些措施直接导致经济活动强度下降，大量企业停工停产，居民失业率上升，社会总供给由此减少。同时，受疫情影响，俄罗斯居民消费倾向急剧降低，用于防范风险的储蓄倾向上升，社会消费明显减少，最终导致总需求下降。此外，疫情导致经济活动中的投资活动几乎趋于停滞，由于抗疫反危机支出挤占了相当一部分原本用于国家项目和"新投资周期"的资金①，加之社会总需求降低，企业收益下滑，使社会投资增速大幅下跌。为保障企业运营、抑制经济下滑、刺激消费需求，俄罗斯实施一系列补贴与救助政策，导致联邦财政支出大幅上升。

另一方面，从外部环境看，疫情在全球蔓延，很多国家采取"封城"措施，世界经济陷入衰退，国际油价暴跌。由此，市场不确定性增加，导致国际石油需求与市场价格下滑的趋势难以预判，能源市场的需求也急剧下滑②。在这种情形下，以能源产品出口收入为主的俄罗斯遭受巨大打击，联邦财政收入萎缩。不仅如此，原油价格波动形成的市场预期致使卢布汇率下跌，增加了包括医疗物资等在内的商品进口成本。

总之，不断增大的财政支出以及迅速缩减的财政收入，使俄罗斯财政缺口逐渐扩大，政府债务规模增大，财政可持续性降低，最终导致财政状况趋于恶化。整体来看，疫情对俄罗斯财政健康的影响路径如图1-6所示。

2. 多重打击导致俄罗斯财政状况恶化

新冠肺炎疫情的暴发不可避免地冲击着俄罗斯财政平衡，一方面，经

---

① 在疫情发生之前，俄罗斯正在为实施"五月总统令"和"新投资周期"计划筹集资金，落实"五月总统令"中的13项国家项目。疫情暴发不断中断了这些项目，抗疫反危机支出还挤占了相当一部分本应用于这些项目的资金。资料来源：Основныенаправлениябюджетной, налоговойитаможенно-тарифнойполитикина 2019 годинаплановыйпериод 2020 и 2021 годов. https://www.garant.ru/products/ipo/prime/doc/71966310/.

② 徐坡岭. 新冠肺炎疫情对俄罗斯经济的影响：抗疫反危机措施、经济运行状况与增长前景 [J]. 新疆财经, 2020 (08).

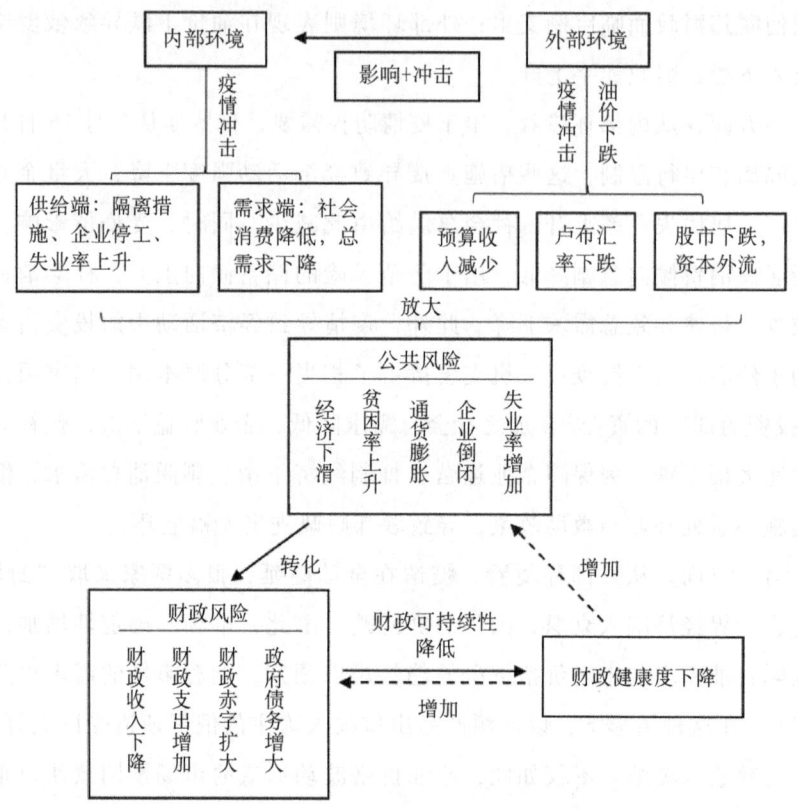

图1-6 疫情影响俄罗斯财政健康度逻辑图

济下行与油价下跌导致俄罗斯财政收入出现下滑；另一方面，一系列的反危机计划使俄罗斯联邦财政面临巨额支出。与之相伴的是俄罗斯财政赤字的扩大，所产生的赤字规模甚至超过2009年金融危机时的财政缺口。

（1）经济下行与油价下跌导致财政收入骤降

长期以来，俄罗斯政府希望减轻财政收入对油气部门的依赖，但此次冲击使这一愿望再次落空。尽管俄罗斯非油气部门税收收入有所上升，由2019年的122439亿卢布增至2020年的127255亿卢布，上涨了3.9%，但联邦财政收入仍随油气部门收入下滑而大幅下降。受疫情冲击、经济增速放缓以及油价下跌的多重影响，俄罗斯能源部门收入大幅下跌，联邦财政收入也远低于上一年的水平。

2020年，俄罗斯矿产资源开采税及石油出口税收入（油气收入）

52352亿卢布，同比降幅达35.3%，占同期财政总收入的28%，相较于2019年下降了10.6个百分点（见表1-4）。受此影响，同期俄罗斯联邦预算收入仅为187191亿卢布，同比跌幅达11.5%，仅为《2020—2022年俄罗斯联邦预算》原计划收入的86.6%。财政收入的骤降大幅扩大了收支缺口，2020年俄罗斯联邦财政赤字达4.1万亿卢布。2021年，国际原油价格迅猛上涨，俄罗斯联邦政府财政收入随之抬升至25万亿卢布，达到近十年最大值，同比增长35.1%，财政再次转为扭亏为盈，产生5147亿卢布的财政盈余。

表1-4　　　2019—2020年俄罗斯联邦预算收入情况对比　　　单位：亿卢布,%

收入项目	2019年	2020年	变化量
总数	201712	187191	-14521
占GDP比重	18.4	16.7	-1.7
油气部门税收收入	79272	51270	-28002
占GDP比重	7.2	4.8	-2.4
占总收入比重	39.3	28.7	-10.6
非油气部门税收收入	122439	127255	+4816
占GDP比重	11.2	11.9	+0.7
占总收入比重	60.7	71.3	+10.6

数据来源：Анализ исполнения федерального бюджета за 2019 года. Пояснительная записка к проекту федерального закона "О федеральном бюджете на 2021 год и на плановый период 2022 и 2023 годоф".

（2）反危机计划使联邦财政支出大幅上升

在联邦财政收入大幅下降的同时，俄罗斯联邦财政支出呈刚性上升趋势。2020年前三季度，俄罗斯联邦预算支出149880亿卢布，与2019年同期相比增加30390亿卢布，涨幅达25.4%。依据《2021—2023年俄罗斯联邦预算》，至2020年底，俄罗斯联邦财政支出达到23734亿卢布，同比增长29.7%。其中，民生支出是俄罗斯联邦财政支出的核心，教育、医疗、住房、社会政策等民生支出约为财政支出的35.5%；全国性问题支出首次超过国防支出，达36391亿卢布，同比扩大近1.6倍，占财政总支出的比重为15.3%；国防支出达到33089亿卢布，为财政支出的13.9%。

自2020年3月27日起,俄罗斯央行开始实施大规模抗疫支持计划。据俄政府新闻局公布的数据,3月中旬之后的一个月内,俄罗斯实施反危机计划的财政支出规模约为2.1万亿卢布。截至5月初,用于反危机计划的财政总费用超过当期GDP的6.5%。6月2日,俄罗斯又发布经济复苏计划,提出将分适应、复苏、积极增长3个阶段拨款5万亿卢布重点资助500项经济活动,并于2021年逐步实施完成,以克服疫情引起的经济衰退,最大程度减缓国民经济下跌幅度,最终稳定增加居民的实际收入。

一系列的救助与补贴措施,使财政用于医疗、住房与国民经济支出不断上升。据统计,2020年俄罗斯医疗卫生支出为12647亿卢布,为GDP的1.1%,较2019年同比增长近90%;住房和公共设施支出约为3840亿卢布,占GDP的0.3%,同比上涨42.2%;国民经济支出达到31907亿卢布,占GDP的2.8%,同比提升近18%(见表1-5)。

表1-5　　　　2020年俄罗斯联邦财政支出情况　　　　单位:亿卢布,%

	绝对额	占财政支出比重	占当年GDP比重	同比增幅
总计	237342.07	100	20.9	29.7
全国性问题	36391.05	15.3	3.2	155.6
国防	33088.65	13.9	2.9	12.0
国家安全和执法	23591.42	9.9	2.1	6.5
国民经济	31906.52	13.4	2.8	17.7
住房和公共设施	3839.92	1.6	0.3	42.2
环境保护	3017.20	1.3	0.3	50.9
教育	10112.30	4.3	0.9	17.5
文化影视	1449.38	0.6	0.1	13.5
医疗卫生	12646.69	5.3	1.1	86.5
社会政策	57670.91	24.3	5.1	18.4
体育项目	743.74	0.3	0.1	15.0
大众传媒	1011.92	0.4	0.1	27.5
债务偿还	8969.56	3.8	0.8	9.5
转移支付	12902	5.4	1.1	26.8

资料来源:Пояснительная записка к проекту федерального закона "О федеральном бюджете на 2021 год и на плановый период 2022 и 2023 годоф".

（3）赤字形势严峻引发债务规模扩大

持续下降的财政收入与不断增长的财政支出现状，导致俄罗斯联邦财政重回赤字状态。依据《2020—2022年俄罗斯联邦预算》，2020年俄计划实现预算盈余8761亿卢布，但疫情的冲击使实际状况十分艰难，仅半年时间，俄罗斯就产生了较大规模的预算赤字。至2020年底，俄罗斯联邦预算赤字达GDP的4.4%，约为2009年的两倍。

为弥补猛增的预算赤字，俄罗斯开始增发国内债券。俄罗斯联邦对外贸易银行首席执行官安德烈·克斯汀在一次战略论坛中指出，当前俄罗斯政府的内债规模完全处于可控范围，有继续增加的空间，且俄罗斯正面临加速经济复苏的任务，因此建议通过发行国债来补充联邦财政的不足[①]。2020年7月31日，俄罗斯出台联邦法律《关于对俄罗斯联邦预算法以及某些联邦立法的修正案》（第263-Ф3号），批准了2020年俄政府的内债规模可达4.1万亿卢布，这是近15年以来的最大值。2020年第三季度，俄罗斯增发国债12376亿卢布，约为原计划数额的1.2倍；截至12月1日，俄罗斯政府内债规模为146858.5亿卢布，与1月1日相比增加了45139.2亿卢布，增幅达44.4%（见图1-7）。

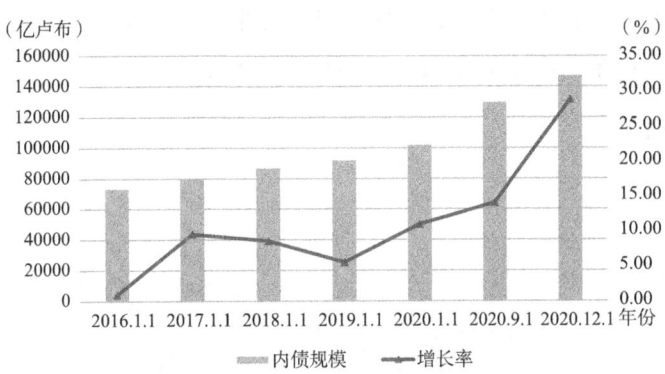

图1-7 俄罗斯联邦政府内债规模变化情况

资料来源：俄罗斯联邦财政部（以下简称俄罗斯财政部）官方网站，https://minfin.gov.ru/ru/.

---

① Минфин понизил оценку дефицита бюджета в 2020 году до 4% ВВП Но будущее госфинансов зависит от нефтяных цен. https://www.rbc.ru/economics/08/09/2020/5f5789a59a7947e8efc72047.

(四) 俄乌冲突与全面制裁之下，财政表现出较大韧性 (2022 年)

冲突发生后，俄罗斯联邦财政收入仍处于上升态势，制裁对俄罗斯财政的冲击较为有限。2022 年前 11 月，联邦财政产生盈余 7428 亿卢布，但由于俄罗斯提前支出了次年部分项目费用，导致 12 月财政支出激增，联邦财政转盈为亏，全年赤字规模达 GDP 的 2.3%。不过，这仍低于 2020 年的赤字水平。此外，西方国家的"限价令"措施对俄罗斯油气收入（石油出口税与矿产资源开采税收入）产生了较大冲击。2023 年 1 月，俄罗斯油气收入大幅下滑，而支出持续上升，致使当月产生较大规模赤字，相当于全年赤字计划的 60%。

1. 联邦财政收入提升，但增速有所下降

2022 年，俄罗斯联邦财政收入状况较为稳定，且逐步上升。第一季度末，国际油价猛增，俄罗斯油气收入上涨，带动联邦财政收入大幅上扬。2022 年 3 月，联邦财政收入 29576 亿卢布，同比上升 16.2%，环比上升 39.7%；同年 5 月，财政收入回归平均水平，实现收入 20090 亿卢布。下半年，俄罗斯联邦财政收入逐月递增。2022 年 7—12 月，收入额由 17573 亿卢布升至 30452 亿卢布，累计增长 73.3%，月收入增长率达 11.7%；这主要归因于非油气收入的上涨，同期，俄罗斯非油气收入由 9829 亿卢布递增至 21137 亿卢布，累计扩大 115%（见图 1-8）。

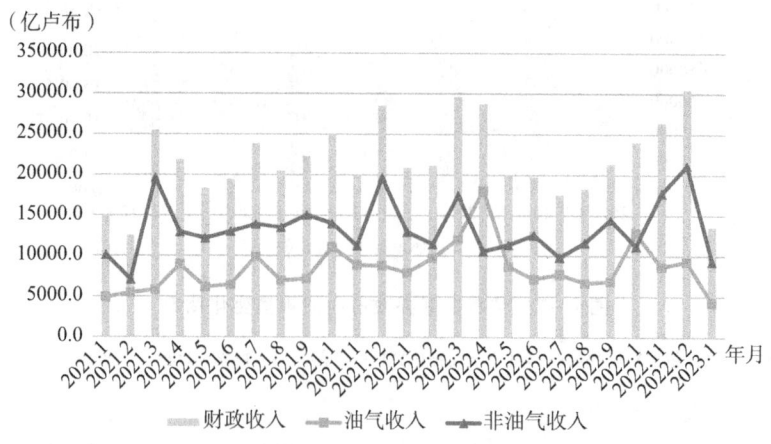

图 1-8　2021—2022 年俄罗斯联邦财政月度收入变化情况

资料来源：俄罗斯联邦财政部官方网站，https://minfin.gov.ru/.

尽管俄罗斯联邦财政收入处于上涨趋势，但增速有所下降。2022年，俄罗斯联邦财政收入278250亿卢布，同比增长10%，这一涨幅相比于2021年下降了71.4%（见图1-9）。然而，财政收入的增速总体而言仍处于较高水平。近十年来，2022年俄罗斯联邦财政收入的增幅仅次于2017年、2018年与2021年。

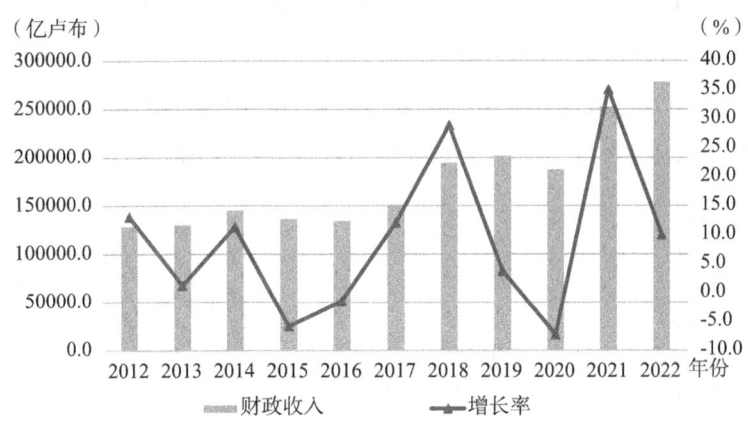

图1-9　2012—2022年俄罗斯联邦财政收入变化情况

资料来源：俄罗斯联邦财政部官方网站，https://minfin.gov.ru/.

2. 财政支出激增，收支缺口有所扩大

2022年，俄罗斯联邦财政支出有较大的幅度增长。自当年6月以来，俄罗斯财政部停止发布有关预算支出执行情况的多项数据，并解释是为了最大限度地降低引入额外制裁的风险。由此，对于联邦财政的支出结构，目前俄罗斯仅公布了前4个月的数据。2022年，俄罗斯联邦财政支出311312亿卢布，同比增长25.7%，占联邦法律批准的联邦预算支出总额的131.4%。从2022年前4月的支出结构看，社会政策是比重最高的支出项目，总支出比重为28.5%；其次是国防支出，占比为17.5%。与2021年前四月相比，医疗卫生支出的增幅最高，增长了101.2%，占总支出的比重由4.7%增至7.9%；此外，国家和地方债务偿还支出同比增长46.2%，国民经济支出增长29.8%。

鉴于俄罗斯联邦财政支出增速超出了收入增速，财政缺口也迅速扩大。俄财政部指出，2022年1—11月，联邦财政仍有7428亿卢布的预算盈余,但12月预算支出激增,导致全年财政产生3.3万亿卢布的赤字,占GDP的2.3%。对此,俄罗斯财长西卢阿诺夫解释说,联邦财政于2022年底提前支出了次年的部分项目费用,原因在于将2023年预算赤字控制在计划框架之内,根据新一年度预算,俄罗斯计划将当年财政赤字控制在GDP的2%。显然,2022年的赤字水平超出了俄罗斯财政部此前的预期。2021年秋季,财政部计划2022年盈余占GDP的1%;2022年9月,俄财政部宣布当年联邦财政赤字将占GDP的0.9%,并于12月将预测上调至GDP的2%。然而,尽管遭遇了极限制裁与封锁,2022年俄罗斯财政赤字仍低于2020年的赤字水平,体现出较强的财政韧性(见图1-10、表1-6)。

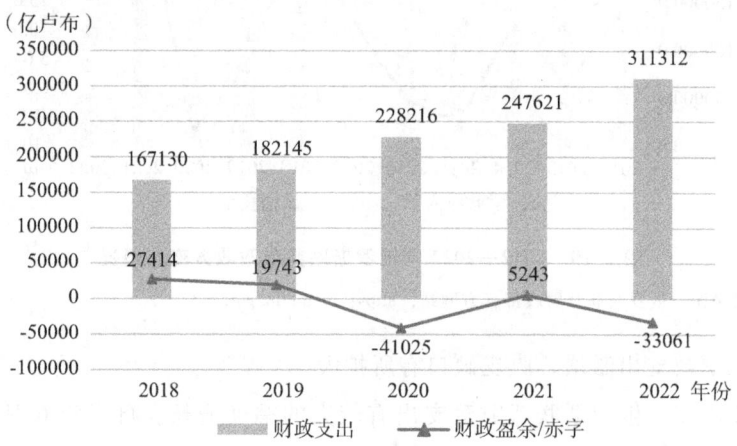

图1-10　2018—2022年俄罗斯联邦财政支出与盈余变化情况

资料来源:俄罗斯联邦财政部官方网站,https://minfin.gov.ru/.

表1-6　俄罗斯联邦财政支出结构　　　　　单位:亿卢布,%

	联邦财政支出		比重	
	2021年4月	2022年4月	2021年4月	2022年4月
总支出	50911	60291	100	100
全国性问题	3799	4377	7.5	7.3
国防	9475	10540	18.6	17.5
国家安全	4744	5016	9.3	8.3
国民经济	4098	5321	8.0	8.8

续表

	联邦财政支出		比重	
	2021年4月	2022年4月	2021年4月	2022年4月
住房公用事业	1837	2232	3.6	3.7
环境保护	1020	1346	2.0	2.2
教育	2363	2867	4.6	4.8
文化、影视	303	439	0.6	0.7
医疗卫生	2373	4775	4.7	7.9
社会政策	16144	17191	31.7	28.5
体育	94	122	0.2	0.2
大众传媒	54	174	0.1	0.3
国家和地方债务偿还	2385	3488	4.7	5.8
转移支付	2221	2347	4.4	3.9

资料来源：俄罗斯联邦财政部官方网站，https://minfin.gov.ru/.

3. "限价令"冲击财政收入，财政风险陡然上升

2022年12月，美西方国家对俄罗斯实施石油"限价令"，在一定程度上冲击了俄罗斯的油气收入，当月俄罗斯的石油开采税收入仅4748亿卢布，跌至2021年3月乌克兰局势升级以来的最低水平。2023年初，石油"限价令"持续影响俄罗斯联邦财政收入。由于乌拉尔石油报价下降与天然气出口减少，1月俄油气收入为4260亿卢布，同比下降46%，环比下降54.3%（见图1-8）；同期，非油气收入也有所下滑，为9310亿卢布，相比于上一年1月下降了28%，这主要是由于国内增值税和所得税收入的减少所致。由此，联邦财政收入随之下滑，1月实现财政收入13560亿卢布，同比下降35.1%；而联邦财政支出31170亿卢布，同比增长58.7%，其中政府采购支出规模较大，为13050亿卢布，占财政支出的41.9%，同比增长4.2%（见表1-7）。可以发现，2023年1月，俄罗斯联邦财政支出增速远超收入增速，直接导致当月产生17600亿卢布的财政赤字。单月赤字水平达到历史新高，是上一年同期的14倍，约为2023年全年赤字计划的60%。

表1-7　　　　2023年1月俄罗斯联邦财政收支情况　　　　单位：亿卢布

	2022年1月	2023年1月	变化（%）	《俄2023—2025年中期预算法案》*（第466-Ф3号）
收入	20890	13560	-35.1	261300
油气收入	7950	4260	-46.4	89390
非油气收入，包括：	12940	9310	-28.1	171910
国内增值税	6830	3790	-44.4	69680
所得税	650	-720	-1.9	16330
支出，包括：	19640	31170	+58.7	290560
政府采购	2490	13050	+4.2	49820
盈余	1250	-17600	-15.1	-29250

注：* 该列是中期预算法案中，2023年俄罗斯预算收支总数。
资料来源：俄罗斯联邦财政部官方网站，https://minfin.gov.ru/.

（五）财政收入具有明显的资源依赖性，收入波幅较大

如果一个国家的财政是建立在以资源开发为主导的经济结构基础之上，或者资源性收入在其财政收入中具有战略地位，则这样的政府财政可以被称为资源型财政。由于资源型财政对自然资源的依赖性较强，资源的有限性以及资源价格变化都会直接冲击政府财政的长期稳定和可持续发展[①]。从实际情况来看，有不少国家具有资源型财政的特征，俄罗斯就是其中之一。俄罗斯拥有丰富的能源和原材料，得益于其矿产资源储备，俄罗斯联邦政府获得了大量油气收入（矿产资源开采税与关税收入），油气收入一直是联邦财政收入的重要组成部分。

为降低联邦财政对油气收入的依赖，俄罗斯一直致力于优化财政收入结构，减少油气收入在财政总收入中的比重。但从实际情况看，俄罗斯油气收入的比重仍较高，且在近年有回升的趋势。2013—2019年，俄罗斯油

---

① 傅志华. 资源型财政及其预算稳定基金：国际经验与启示 [J]. 财政研究，2005（09）.

气收入占联邦财政总收入的比重平均高达43.7%。其间，2015年与2016年初国际原油价格经历两轮暴跌，2016年初曾跌至27.88美元/桶，导致俄罗斯油气收入一再下滑。2014—2016年，俄罗斯油气收入减少了2.6万亿卢布，跌幅达34.8%；油气收入占财政收入的比重也降至36%，达到近十年最低水平。2017年以来，国际原油价格再度上涨，俄罗斯油气收入迅速止跌回升。

2020年，疫情在全球蔓延，世界经济陷入衰退，国际油价暴跌，俄罗斯能源部门收入大幅下跌，联邦财政收入也远低于上一年水平。同年，俄罗斯矿产资源开采税及石油出口税收入52352亿卢布，同比下降35.3%，占同期财政总收入的28%，同比下降11.3个百分点。受此影响，同期俄罗斯联邦预算收入仅为187191亿卢布，同比下跌7.2%，为《2020—2022年俄罗斯联邦预算》（三年中期滚动预算）原计划收入的86.6%。2021年，俄罗斯油气收入升至90565亿卢布，同比上涨76.6%；其占联邦财政收入的比重为35.8%，同比增加7.1个百分点。

2022年俄乌冲突以来，西方国家不断对俄罗斯进行施压，并且制裁俄罗斯的能源出口，其结果就是全球能源价格开始暴涨。然而，俄罗斯油气收入在国际油价上涨的推动作用下持续上升。2022年第一季度，乌拉尔石油的平均价格为88.95美元/桶，2021年1—3月仅为59.8美元/桶。2022年3月，乌拉尔石油的价格为89.05美元/桶，是2021年3月（63.62美元/桶）的1.4倍。尽管受到西方的严厉制裁，俄罗斯油气收入在高油价的支撑下不减反增，这主要来自中国和印度对俄罗斯能源产品的巨大需求。自战争爆发以来，印度向俄罗斯购买了至少1300万桶石油，已接近2021全年所购买的量。鉴于此，2022年俄罗斯油气收入额为115862亿卢布，同比增长27.9%；在联邦财政收入的比重为41.6%，同比增加5.8个百分点。

鉴于油气收入极易随着油价的涨跌而波动，俄罗斯联邦财政收入也会受此影响而具有极大的波动性。2013—2022年间，俄罗斯油气收入波动十分剧烈，财政总收入波幅次之，非油气收入较为稳定、波幅最小。随着油气收入的起伏，俄罗斯联邦财政收入呈现出同向变动的特征。为规避国际油价波动对俄罗斯联邦财政收入的冲击，俄政府一直在努力减轻财政收入对油气收入的依赖，通过增加与国内生产有关的税收收入（如增值税、消费税），稳定财政收入增长、优化收入结构（见表1-8、图1-11）。

表1-8　　　　2013—2022年俄罗斯联邦政府财政收入结构　　　单位：亿卢布，%

年份	联邦财政总收入	油气收入		非油气收入	
		绝对额	占比	绝对额	占比
2013	130199	65360	50.2	64839	49.8
2014	144969	74369	51.3	70600	48.7
2015	136592	58598	42.9	77994	57.1
2016	134600	48456	36.0	86144	64.0
2017	150889	59899	39.7	90990	60.3
2018	194544	90355	46.4	104189	53.6
2019	201712	79272	39.3	122439	60.7
2020	187191	52352	28.0	134838	72.0
2021	252864	90565	35.8	162298	64.2
2022	278250	115862	41.6	162388	58.4

资料来源：根据俄罗斯国库官方网站数据整理，http://roskazna.ru/.

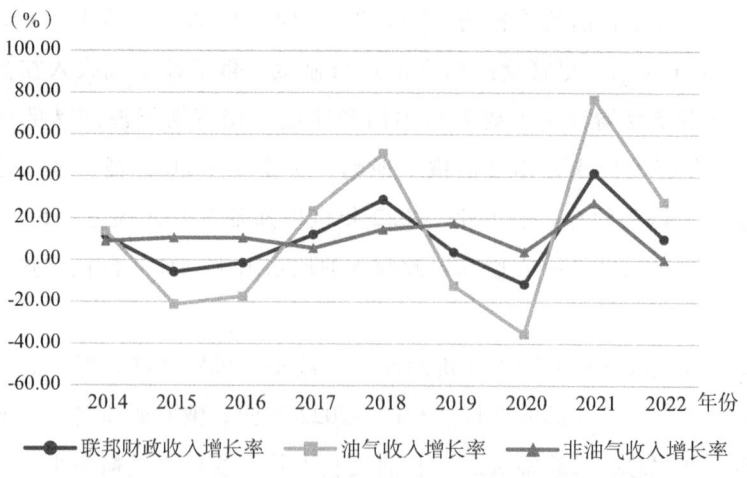

图1-11　2014—2022年俄罗斯联邦财政收入增长情况

三、小结

总体来看，俄罗斯经济实现了较大幅度的提升，经济增长状况良好。2000年以来，俄罗斯政府调整改革计划，成功挽救了衰退的经济形势。其间，俄罗斯遭遇了数次大规模经济危机，但政府及时采取措施，以发展经济为核心制定了多项反危机计划，均在不同程度上拉回经济增长。

与此同时，受市场经济改革的影响，俄罗斯联邦财政经历了较大波动。由于2008年与2014年经济状况的恶化，俄罗斯的财政收支也数次出现赤字，但在2018年俄罗斯结束了连续六年的财政赤字状况。尽管2020年的疫情使联邦财政产生了大幅赤字，但在一系列反危机措施的影响下，2021年再次产生财政盈余。俄罗斯财政对自然资源的依赖性较强，资源的有限性以及资源价格变化对政府财政的可持续性存在一定冲击。

2022年俄乌冲突的爆发，导致俄罗斯遭遇西方国家的全面制裁，然而俄罗斯财政与经济表现出较大韧性，经济形势远好于预期。当年，俄GDP同比下滑2.1%，远好于国际组织对于俄罗斯经济将会崩溃的预测；同期，俄罗斯联邦财政赤字与GDP的比重为2.3%，远低于2020年疫情期间的赤字水平。

第二章 以民生保障为重点的俄罗斯政府支出

政府公共支出是政府职能得以实现的物质基础，也是国家治理的重要支柱。国家的财政支出规模和结构变化能够体现经济社会的发展状况。近年，俄罗斯财政支出规模逐步增大，财政支出结构也不断优化。俄罗斯是联邦制国家，俄罗斯政府分为联邦政府、联邦主体政府和地方自治政府。与此相对应，俄罗斯财政预算体系也由三个级次组成，第一级为联邦政府预算，亦即中央预算；第二级为联邦主体政府预算；第三级为地方自治政府预算，联邦主体预算和地方自治政府预算合称为联邦主体汇总预算，三级预算统称为俄罗斯联邦汇总预算[①]。在向市场经济转变的背景下，俄罗斯联邦逐渐下放支出权限，在这一过程中，联邦主体政府的管辖权限和支出范围有所扩大。整体来看，俄罗斯联邦政府主要负责养老等领域的社会政策支出、国民经济支出与国防支出，联邦主体政府主要承担教育、居民社会保障支出以及国民经济支出，地方政府则负责教育、住房和公共设施等支出。

一、俄罗斯联邦预算制度发展历程

俄罗斯联邦预算制改革大致可以划分为以下几个时期：联邦预算制基

[①] 联邦政府预算包含联邦政府预算和国家预算外基金预算（即国家社保基金预算），联邦主体政府预算包含联邦主体预算和地区预算外基金预算（地区社保基金预算）。

本形成时期（1991—1993年），联邦预算制调整时期（1994—1998年），联邦预算制法制化时期（1999—2001年），联邦预算制规范时期（2002—2005年），联邦预算制不断完善时期（2006年至今）。

2006年之前，俄罗斯联邦预算级次分为联邦预算、联邦主体预算和地方预算三级。考虑到基层政府更了解本地居民偏好，增加基层预算层级、扩大基层预算权限，能为居民提供更好、更实际的公共事业服务。2006年后，俄罗斯将地方自治政府划分为两级：区自治机关和居民区自治机关。因此，俄罗斯政府间预算关系改革中最重大的事件就是在全国范围内新建上万个居民区预算机构，并帮助这些居民区进行预算的编制、审批和执行工作（见图2-1）。

1991—1993年：

1. 这一时期是俄罗斯新型政府间预算关系确立和形成的时期。
2. 总体特征：支出责任极大地向地方倾斜，但财政资金依然高度集中于联邦中央。由于没有从根本上建立有效的地方税收体系，俄罗斯地方政府无法获得充足的财政资金，而支出责任则不断扩大，导致地方政府财政收支矛盾加剧，地方政府越权截留中央税收的现象时有发生。
3. 1993年，当时的89个联邦主体中有30多个截留联邦税款，个别联邦主体政府将90%的税款留为已用

1994—1998年：

1. 总体特征：由于地方政府停止向中央上缴税收，使联邦政府失去了极为重要的收入来源。没有财力支持作后盾的联邦政府也同时失去了对地方政府的掌控能力。
2. 俄罗斯联邦政府着手整顿政府间预算关系，以宪法的形式明确联邦与地方预算边界，扩大地方税收管理权限。
3. 然而，在地方财政支出规模上涨、收入来源不足的情况下，俄罗斯各级地方政府借新法的颁布大肆开征各种税费，使地方税种骤增，加剧了税收秩序的混乱，也加重了企业和居民的税收负担。此外，税收收入向地方政府的倾斜削弱了中央的宏观调控能力，使地方分离主义重新抬头

1999—2001 年：
1. 俄罗斯紧急颁布一系列法律、法令，以完善税收制度，限制地方政府的税收权限。
2. 《俄罗斯联邦税法典》（以下简称《税法典》）的颁布使俄罗斯联邦中央政府和地方政府间的预算关系更加明确。首先，《税法典》赋予了联邦政府广泛的税收立法权，联邦主体税和地方税的税种由联邦法律确定。其次，《税法典》削弱了地方政府的税收权限，各级地方政府不得自行新增《税法典》以外的税种。《俄罗斯联邦预算法典》（以下简称《预算法典》）规定，俄罗斯预算体系中的各级预算各自独立，互不包容

2002—2005 年：
俄罗斯政府间预算关系在法律规范下不断完善，正如俄罗斯总统普京在《2005 年预算政策总结和 2007 年预算政策》报告中所指出的那样，2005 年，俄罗斯第一次在依法划分支出义务和收入来源的基础上完成了联邦和联邦主体预算，地区预算平衡状况好转，联邦地区预算支持基金的透明度和客观性得到提高

2006 年后：
1. 俄罗斯已基本完成了联邦预算制度的建设，形成了与独立之初完全不同的政府间预算关系，实现各级预算由"软约束"向"硬约束"的过渡。
2. 在长期稳定的基础上明确划分各级财政的支出责任和收入来源；全面禁止强行摊派给地方无资金保障支出责任；增强联邦主体和地方财政的独立性，财政援助的提供以有助于鼓励联邦主体和地方政府壮大自有财源、节约财政资金使用为方向；对于没有支付能力的联邦主体和地方，采取强制性财务健全措施；扩大预算主体预算自治权限等

图 2-1　俄罗斯联邦预算制度改革阶段

2006 年俄罗斯政府间预算关系改革见图 2-2 所示：

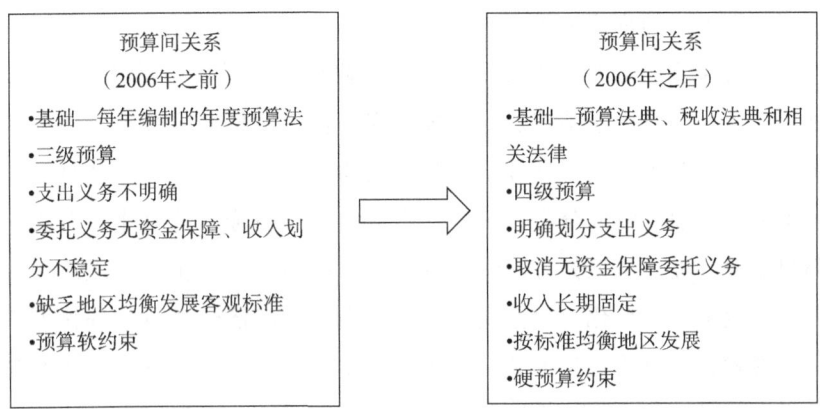

图 2-2 2006 年俄罗斯预算间关系改革目标

二、以法律规范各级政府支出范围

作为一个多民族国家,民族矛盾一直困扰着俄罗斯的统一和稳定。由此,通过法律规范中央与地方间的财政关系,以财政集权与分权的适度结合实现联邦调控,成为独立后俄罗斯首要解决的问题。

(一) 俄罗斯政府支出范围演变历程

《俄罗斯联邦预算法典》(以下简称〈预算法典〉)《预第 10 章明确了政府预算支出的一般情况,包括财政支出的形成、分配与使用,预算拨款、政府采购、社会保障拨款,财政补贴,预算投资,储备基金的使用,以及未列入预算的费用支出等;第 11 章规定了俄罗斯联邦政府、联邦主体政府与地方政府的支出义务。

2000 年 8 月,俄罗斯颁布《关于俄罗斯联邦预算分类法》,对俄罗斯政府预算分类进行了调整,将政府预算共划分为 8 种类型:①预算收入分类;②预算支出功能分类;③预算支出经济性质分类;④预算赤字国内弥补来源分类;⑤预算赤字国外弥补来源分类;⑥联邦、联邦主体和地方政府内债种类分类;⑦联邦政府外债种类和俄罗斯联邦国家海外资产分类;

⑧联邦预算支出的部门分类。

2007年4月，俄罗斯联邦法律《关于修订俄罗斯联邦预算法典关于预算过程调节部分及废止某些法令》的颁布，使俄罗斯政府预算分类体系再一次发生深刻变革。俄罗斯政府预算分类体系进一步简化，由8种类型缩减至4种，即预算收入分类、预算支出分类、预算赤字弥补来源分类、公共部门业务分类。从该修订法可以发现，与此前相比，俄罗斯政府预算支出分类发生了较大变化，由按支出功能分类、按经济性质分类和按部门分类三种形式，简化为一种形式——按预算支出分类，这一支出分类共包含11个类级支出和95个款级支出。

2010年9月，俄罗斯颁布联邦法律《预算法典修订法》。该法律决定于2011年对俄罗斯政府预算支出的分类进行再次调整，预算支出分类由11个大类扩展到14个大类，同时款级支出项目也相应地由95个扩展到102个。这14个支出大类分别为：全国性问题、国防、国家安全和法律维护、国民经济、住房和公用事业、环境保护、教育、文化和电影、医疗、社会政策、体育文化和体育运动、大众传媒、国家债务还本付息、政府间转移支付。

（二）俄罗斯各级政府支出范围

在俄罗斯联邦向市场经济转变的背景下，联邦主体的管辖权限和管辖范围有所扩大。按照联邦宪法规定："在俄罗斯联邦及其与联邦主体共同管辖所拥有的权限范围之外，联邦主体享有充分、完全的国家权力。"

俄罗斯联邦政府、联邦主体政府与地方政府支出范围划分情况如表2-1所示：

表2-1　　　　　　俄罗斯各级政府支出范围

	支出范围
联邦政府	（1）全国性公共服务事业，如负责联邦宪法、联邦法律、联邦制度和联邦国家政权机关系统；（2）国防、外交和对外经济联系；（3）国家经济、社会、文化、生态和民族发展等方面的联邦政策；（4）国家统一市场的法律基础，财政、金融和海关调节；（5）联邦财产和联邦预算，以及联邦的主要经济部门，如能源、原子能、交通运输、宇航领域等全国范围内的事务

续表

	支出范围
联邦主体政府	(1) 保障俄罗斯联邦主体立法（代表）和执行机构履行其职能；(2) 俄罗斯联邦主体债务的发行与偿还；(3) 举行俄罗斯联邦主体的选举和全民公决；(4) 保障地区专项规划的实现；(5) 俄罗斯联邦主体所有资产的运营；(6) 俄罗斯联邦主体的国际交往和对外经济活动；(7) 促进由俄罗斯联邦主体政府管理的企业、机构和组织的发展，推动基础科学研究和科学技术进步；(8) 保障俄罗斯联邦主体大众信息工具的运作；(9) 对地方预算提供援助；(10) 保障某些转由地方履行的国家职能的完成；(11) 对因俄罗斯联邦主体政府决策、导致地方预算收入减少或支出扩大而造成的额外支出予以补偿
地方政府	(1) 维护地方自治政府运行；(2) 对地方财产进行组织和管理；(3) 对教育、医疗保健、文化、个人文娱和体育、大众信息工具和其他属于地方所有或由地方自治政府管理的机构予以组织、保护和发展；(4) 维护社会秩序；(5) 组织、维护和发展住房公用事业；(6) 地方公路的建设和养护；(7) 完善公共事业和土地绿化；(8) 生活废弃物的回收和再利用（放射性物质除外）；(9) 对属于地方所有的墓地进行维护；(10) 对居民和属于地方所有或由地方自治政府管理的机构提供交通服务；(11) 保障防火安全；(12) 保护地方政府辖区内的自然环境；(13) 实施由地方自治政府制定的专项规划；(14) 地方债务的发行与偿还；(15) 为居民提供专项补贴；(16) 维护地方档案馆；(17) 举行地方的选举和全民公决
联邦和联邦主体共同管辖	(1) 保证联邦主体的法律同联邦法律一致；(2) 保障公民的权利和自由，保障法制和社会秩序；(3) 保障自然资源的占有、使用和支配；(4) 负责国家财产的划分；(5) 解决教育、科学、文化和体育等方面的共性问题；(6) 就卫生保健和社会保障方面的问题进行协调；(7) 确定组建国家和地方自治机构的共同原则；(8) 协调联邦主体的对外关系和对外经济联系等

资料来源：童伟. 俄罗斯政府预算制度 [M]. 北京：经济科学出版社，2013.

三、基于社会政策为重点的支出结构

俄罗斯联邦政府的主要支出责任在于社会政策（集中于养老保障、家庭和儿童保护）、国民经济、国防等支出，联邦主体政府与地方政府则主要承担教育、社会政策（集中于给居民的社会保障）、医疗、住房等支出。

（一）俄罗斯各级政府支出结构

按功能划分，俄罗斯政府预算支出包含全国性问题、国防、国家安全和法律维护、国民经济、住房和公用事业、教育、环境保护、文化和电影、医疗、社会政策、体育文化和体育运动、大众传媒、国家债务还本付息、政府间转移支付等方面的内容，且社会政策支出越来越成为各级政府的重要支出方向。

按支出责任划分，俄罗斯联邦政府、联邦主体政府与地方政府的支出重点各有不同。整体来看，联邦政府主要负责社会政策、国民经济、国防、国家安全、全国性问题、环境保护、大众传媒、债务偿还等支出义务，联邦主体政府主要负责教育、住房公用事业、国民经济、医疗卫生、体育、文化影视等支出，地方政府则主要负责教育、文化影视等支出。

1. 以社会政策支出为主的联邦政府支出

对于俄罗斯联邦政府，社会政策支出是最主要的支出项目，第二是国民经济支出，第三是国防支出，第四是国家安全支出。2020年，社会政策支出占联邦政府支出的比重为30.6%，国民经济支出占比为15.3%，国防支出为13.9%，国家安全支出为9.8%。

2. 以教育为主的联邦主体与地方支出

对于联邦主体政府，教育支出位列第一位，第二位是社会政策支出，第三位是国民经济支出，医疗卫生支出位列第四。2020年，教育支出占联邦主体政府支出总额的22.8%，社会政策支出占21.3%，国民经济支出占20.5%，医疗卫生支出为12.9%。

对于地方政府，占比最高的四个支出项目分别是教育、住房和公共设施、国民经济、社会政策。2020年，教育支出占地方政府支出的比重为48%，远高于其他支出项目，位列第一；第二是住房和公共设施支出，支出比重为12.3%；第三是国民经济支出，比重为11.8%；第四是社会政策支出，比重是6.7%（见表2-2、表2-3）。

表 2-2　　　　2020 年俄罗斯各级政府财政支出结构比较

排名	联邦政府	联邦主体政府	地方政府
1	社会政策（30.6%）	教育（22.8%）	教育（48.0%）
2	国民经济（15.3%）	社会政策（21.3%）	住房和公共设施（12.3%）
3	国防（13.9%）	国民经济（20.5%）	国民经济（11.8%）
4	国家安全（9.8%）	医疗卫生（12.9%）	社会政策（6.7%）

资料来源：根据俄罗斯联邦财政部官方网站所公布的数据整理得出。

表 2-3　　　　2020 年俄罗斯各级政府支出结构　　　　单位：亿卢布

	联邦政府	联邦主体政府	地方政府
总支出	228216	155777	50171
全国性问题	15077	9369	—
国防	31688	51	—
国家安全	22266	1676	366
国民经济	34839	31923	5941
住房公用事业	3715	13299	6194
环境保护	2606	688	—
教育	9569	35525	24073
文化、影视	1445	4859	2771
医疗卫生	13344	20021	209
社会政策	69903	33197	3361
体育	753	3632	1349
大众传媒	1211	526	89
国家和地方债务偿还	7842	1005	191
转移支付	13959	7	980

资料来源：俄罗斯联邦财政部官方网站，https://minfin.gov.ru/ru/.

（二）俄罗斯政府支出科目划分

2020 年，俄罗斯联邦汇总预算支出 425030 亿卢布，其中，支出规模最大的项目为社会政策支出，总计 151217 亿卢布，约占预算支出总额的

35.6%；第二位为国民经济支出 60408 亿卢布，约为预算支出总额的 14.2%；居于第三位的是医疗支出 49393 亿卢布，占总支出的 11.6%；第四位是教育支出 43240 亿卢布，约为总支出的 10.2%；居于第五位的是国防支出 31707 亿卢布，约为总支出的 7.5%；第六位是全国性问题支出 25517 亿卢布，约为总支出的 6%；第七位是国家安全和法律维护支出 23924 亿卢布，约占总支出的 5.6%；住房和公用事业支出居于第八位，总计 15905 亿卢布，约为全部预算支出的 3.7%（见表 2-4）。

表 2-4　　2020 年俄罗斯联邦汇总预算支出结构　　　单位：亿卢布，%

	总计	份额
总支出	425030	100.0
全国性问题	25517	6.0
国防	31707	7.5
国家安全和法律维护	23924	5.6
国民经济	60408	14.2
住房和公用事业	15905	3.7
环境保护	3039	0.7
教育	43240	10.2
文化和电影	6101	1.4
医疗	49393	11.6
社会政策	151217	35.6
体育文化和体育运动	4007	0.9
大众传媒	1737	0.4
国家债务还本付息	8835	2.1

资料来源：俄罗斯联邦国库局网站，https://roskazna.gov.ru/ispolnenie-byudzhetov/konsolidirovannyj-byudzhet/.

1. 社会政策支出

俄罗斯的社会政策支出主要用于为居民提供各类社会保障，例如养老、社会保障、儿童福利保障等（见表 2-5）。其中，联邦政府主要负责养老保障支出、家庭和儿童保护，在 2020 年分别占社会政策支出总额的 38.7%、15.3%；联邦主体政府主要负责居民的社会服务支出，占社会政策支出总额的 3.8%。此外，联邦政府和联邦主体政府给居民的社会保障支出水平相当，分别为 13702 亿卢布、18914 亿卢布，分别为社会政策总支出的 13.3%、18.3%（见表 2-6）。

表 2-5　　　　　　　　　社会政策支出具体项目

名称	用途
养老保障	主要用于若干方面养老金的发放，如给即将满退休年龄但因年老提前退休者发放其在达到正式退休年龄前这段时期的养老金；给即将或已满退休年龄但继续工作的老年人发放养老补贴；给军人、国家和地方工作人员、法官发放相当于每月养老金50%的养老补贴；向无劳动能力家庭成员发放补贴；根据俄罗斯联邦总统令向受核武器综合领域老战士发放额外的物质补助；以及发放俄罗斯养老法规定的其他补助
给居民的社会服务	主要用于保障为居民提供社会服务的组织和部门的正常运营（如社会服务中心和部门，残疾安老院，康复机构以及其他社会保障机构），以及提供转移医疗咨询，向残疾人提供康复设备，包括假肢和矫形器材的生产和维修等
给居民的社会保障	即为居民提供的与社会保障有关的一切预算支出，包括由俄罗斯联邦社会保险基金支付的各种类型的保险金，如生育保险金、失业保险金等，以及其他一些补贴，如残疾人汽车保险补贴，住房和公共事业服务优惠，疫苗接种并发症补贴，受政治迫害者补贴，购房补贴等
家庭和儿童保护	主要用于为流离失所、无家可归者提供保护和监护，以及将离家出走的未成年人送到孤儿院、寄宿学校、特殊教育机构的相关费用

资料来源：本表由本书作者归纳整理。

表 2-6　　　　　　　2020 年俄罗斯社会政策支出　　　　　　单位：亿卢布

名称	联邦政府预算	联邦主体汇总预算
社会政策	69903	33198
养老保障	39863	2178
给居民的社会服务	354	3914
给居民的社会保障	13702	18914
家庭和儿童保护	15778	7199
社会政策应用研究	3	0
其他社会政策问题	202	992

资料来源：俄罗斯联邦国库局网站，https://roskazna.gov.ru/ispolnenie-byudzhetov-konsolidirovannyj-byudzhet/.

2. 国民经济支出

国民经济建设始终是俄罗斯政府预算支出的重点领域之一，主要支出方向为：解决一般性经济问题、促进燃料和能源综合体发展、探索和利用宇宙空间、矿产资源的再生产、发展农业和渔业、保护水资源、发展林业、发展交通、发展道路（道路基金）、发展通讯与信息等领域（见表2-7），其中道路、交通、农业和渔业是俄罗斯最重要的国民经济发展领域，所占支出比重位居前列。

表2-7　　　　　　　　　　国民经济支出具体项目

名称	用途
解决一般性经济问题	主要用于保障国民经济各个部门的正常运行，监督商品市场和金融服务市场的合法竞争，设定技术和计量标准，调节自然垄断，调节自然资源利用，保护环境、保证生态安全
促进燃料和能源综合体发展	主要用于保障煤炭及能源部门职能的正常运行，实现国家对能源行业的支持，对煤炭行业进行重组，为进入该领域的燃料和能源综合体发放贷款利率补贴
探索和利用宇宙空间	用于和平目的的宇宙空间科学技术研究和经济利益开发、利用（国防和国家安全类宇宙开发利用除外），以及国家支持的宇宙开发活动的相关支出，包括联邦专项规划
矿产资源的再生产	主要用于保障国家相关部门职能的履行，以及地质勘察、矿产资源勘探等联邦重要事务支出
发展农业和渔业	主要用于保障相关部门职能履行，保护和复垦耕地，提供相关补助，促进农业生产，包括实行粮食采购、畜牧良种繁育、种子生产、兽医服务、病虫害防治，以及其他农业服务
保护水资源	主要用于保障相关部门职能履行以及水资源的管理和保护
发展林业	主要用于保障相关部门职能履行，以及对森林进行管理、利用、节约、保护和再生森林，防范森林火灾
发展交通	主要用于保障相关部门职能履行，以及发展交通基础设施，对航空、铁路、海运、河运和其他运输方式提供政府支持，包括客运以及道路基础设施的资金

续表

名称	用途
发展道路（道路基金）	主要用于保障相关部门职能履行，以及发展道路基础设施
发展通讯和信息	主要用于保障相关部门职能履行，以及建设联邦和地区信息库，发展通信产业

资料来源：本表由本书作者归纳整理。

在国民经济支出中，联邦政府侧重于探索和利用宇宙空间、矿产资源再生产支出，联邦主体政府则在促进燃料和能源综合体发展、发展交通、道路方面承担主要支出责任。此外，对于一般性经济问题、发展农业和渔业、保护水资源、发展林业以及通讯和信息方面，联邦政府和联邦主体政府的相应支出水平相当，在这些方面，联邦政府略低于联邦主体政府支出（见表2-8）。

表2-8　　　　　　　2020年俄罗斯国民经济支出　　　　　　单位：亿卢布

名称	联邦政府预算	联邦主体汇总预算
国民经济	34839	31923
解决一般性经济问题	318	504
促进燃料和能源综合体发展	189	524
探索和利用宇宙空间	400	0
矿产资源的再生产	296	11
发展农业和渔业	2646	2644
保护水资源	198	256
发展林业	438	552
发展交通	3233	7586
发展道路	9301	14214
发展通讯和信息	1051	1530
经济领域应用研究	2295	8
国民经济其他问题	14473	4092

资料来源：俄罗斯国联邦库局网站，https://roskazna.gov.ru/ispolnenie-byudzhetov-konsolidirovannyj-byudzhet/。

3. 医疗卫生支出

俄罗斯《宪法》赋予公民保护健康的权利,由此,国家有义务为每一个公民提供高质量的医疗服务。俄罗斯医疗卫生支出包括以下几个方面的内容:住院医疗,门诊医疗,各类日间医院的医疗服务,紧急医疗服务,疗养和康复保健,血液和血液制品的采收、加工、存储和安全保障,流行病的预防(见表2-9)。其中,住院和门诊医疗服务支出是主要的医疗支出项目。

表2-9 医疗卫生支出具体项目

名称	用途
住院医疗	主要用于保障提供住院医疗服务机构的正常运行,其中包括高科技医疗救护服务的提供,药品和医疗器械的采购,国家优先发展方向"医疗"项目的实施,为部分社会组织和非营利组织提供补助
门诊医疗	主要用于保障提供门诊医疗服务机构的正常运行,提供部分类型的药品,以及国家优先发展方向"医疗"项目的实施
各类日间医院的医疗服务	主要用于保障各类提供日间医疗服务机构的运行
紧急医疗服务	主要用于保障提供紧急医疗服务机构的正常运行,以及根据紧急命令提供医疗服务和国家优先发展方向"医疗"项目的实施
疗养和康复保健	主要用于保障提供疗养和康复医疗服务机构的正常运行,其中包括儿童和青少年疗养院、肺结核疗养院,以及其他疗养所和度假村
血液和血液制品的采收、加工、存储和安全保障	主要用于相关职能机构的正常运行,以及国家优先发展方向"医疗"项目中相关措施的实施
流行病的预防	主要用于保障流行病预防、消毒防疫机构的正常运行,以及流行病学的监测与控制

资料来源:本表由本书作者归纳整理。

总体来看,俄罗斯医疗卫生支出主要由联邦主体政府承担。对于住院医疗与门诊医疗这两个主要的医疗卫生支出项目,2020年联邦主体政府分别支出6841亿卢布、3115亿卢布,分别占医疗卫生支出总额的20.5%、9.3%;联邦政府支出2648亿卢布、2300亿卢布,仅占医疗卫生支出总额的7.9%、6.9%。各类日间医院的医疗服务、紧急医疗服务、血液和血液制品的采收与加工等也主要由联邦主体政府负责。此外,联邦政府对疗养和康复保健、流行病的预防承担主要支出责任,2020年对这两项的支出分别为 463 亿卢布、490 亿卢布（见表 2 - 10）。

表 2 - 10　　　　　　　2020 年俄罗斯医疗卫生支出　　　　　单位：亿卢布

名称	联邦政府预算	联邦主体汇总预算
医疗	13344	20021
住院医疗	2648	6841
门诊医疗	2300	3115
各类日间医院的医疗服务	9	70
紧急医疗服务	64	557
疗养和康复保健	463	165
血液和血液制品的采收、加工、存储和安全保障	60	247
流行病的预防	490	254
医疗的应用研究	527	32
其他医疗问题	6781	8738

资料来源：俄罗斯联邦国库局网站，https：//roskazna.gov.ru/ispolnenie - byudzhetov/konsolidirovannyj - byudzhet/.

4. 教育支出

俄罗斯是一个传统意义上的教育大国，教育支出在政府预算支出中所占比重一直维持在较高水平。俄罗斯教育支出的主要方向为：学前教育、普通中小学教育、初等职业教育、中等职业教育、高等教育、青少年政策和儿童健康等领域。在俄罗斯，普通中小学实行十一年制义务教育，学生九年级毕业后获得不完全中学教育证书，可进入普通中学的十年级继续接受中学教育，或进入中等专业学校或职业技术学校继续学习（见表 2 - 11）。

表 2 - 11　　　　　　　　　教育支出具体项目

名称	用途
学龄前教育	主要用于学龄前儿童及学龄前儿童教育机构运行
普通教育	主要用于小学、初中、完全高中学生教育，以及小学、初中、完全高中教学机构的运行，以及校外儿童工作机构和特殊（惩戒）教育机构的运行

续表

名称	用途
初等职业教育	主要用于初级职业技术学校、特殊专业技术学校、校际培训中心、培训讲习班、初等职业培训学校等的教育与学校运行
中等职业教育	主要用于中等职业技术教育与学校运行
职业培训、再培训和高级培训	主要用于在职人员在干部培训班、培训学校和技能提高学校的教育
高等职业教育和大学后继续教育	主要用于高端人才培养和高等学校运行
青少年政策和儿童健康	主要用于儿童健康活动和青少年政策的组织

资料来源：本表由本书作者归纳整理。

在联邦政府教育支出中，高等职业教育和大学后继续教育支出是最重要的组成部分，约占联邦政府教育支出的65%；其次是普通教育，约占联邦政府教育支出的13.9%。在联邦主体汇总预算教育支出中，普通教育是最重要的组成部分，占联邦主体教育支出的1/2；其次是学龄前儿童教育，约占联邦主体教育支出的27.7%。总体来看，虽然近年来俄罗斯人口出生率逐年下降，学龄前儿童人数日渐减少，但俄罗斯学龄前儿童教育支出却不断提高，所占份额已超过高等教育支出（见表2-12）。

表2-12　　　　　　2020年俄罗斯教育支出　　　　　单位：亿卢布

名称	联邦政府预算	联邦主体汇总预算
教育	9569	35525
学龄前教育	539	9832
普通教育	1331	17907
初等职业教育	239	2572
中等职业教育	370	2481
职业培训、再培训和高级培训	214	290
高等职业教育和大学后继续教育	6219	224
青少年政策和儿童健康	152	564
教育的应用研究	151	12
其他教育问题	354	1644

资料来源：俄罗斯联邦国库局网站，https://roskazna.gov.ru/ispolnenie-byudzhetov/konsolidirovannyj-byudzhet/。

5. 国防支出

俄罗斯曾经是世界上最大的军事帝国之一,军事支出在国家预算中占据非常重要的地位。但自 1991 年独立以后,俄罗斯的国防支出在预算支出中的重要性有所下降,所占比重也有所降低,目前位居第五位。俄罗斯国防支出的主要方向为:维持俄罗斯联邦武装部队运行、动员和培训后备役人员、为备战提供经济支撑、培训和参与集体安全和维持和平活动、发展核武器、履行军事技术合作的国际义务(见表 2-13)。

表 2-13　　　　　　　　　　国防支出具体项目

名称	用途
维持俄罗斯联邦武装部队运行	主要用于保障国家在陆海空部队及空间和导弹防御系统的国防支出
动员和培训后备役人员	主要指用于俄罗斯联邦后备武装力量的培训和动员支出
战时经济转型	主要指用于战时国家经济转型的组织和准备支出
培训和参与集体安全和维持和平活动	主要指为恢复世界和平与安全,独联体国家集体安全而提供人员、物质、金钱、武器装备等方面军事援助的支出
发展核武器	主要指用于俄罗斯安全方面的核武器综合体发展支出
履行军事技术合作的国际义务	主要指用于和独联体国家以及其他国家军事技术合作的支出

资料来源:本表由本书作者归纳整理。

俄罗斯几乎所有的国防支出全部由联邦政府承担,仅极少数支出由联邦主体负责。维持俄罗斯联邦武装部队运行、培训和参与集体安全和维持和平活动、发展核武器以及履行军事技术合作的国际义务均由联邦政府开支,联邦主体仅负责少数动员和培训后备役人员支出、战时经济转型支出,在 2020 年为 33 亿卢布、18 亿卢布,其余支出也全部由联邦政府承担(见表 2-14)。

表 2-14　　　　　　2020 年俄罗斯国防支出　　　　　　单位:亿卢布

名称	联邦政府预算	联邦主体汇总预算
国防	31688	51
维持俄罗斯联邦武装部队运行	23288	0
动员和培训后备役人员	83	33

续表

名称	联邦政府预算	联邦主体汇总预算
战时经济转型	35	18
培训和参与集体安全和维持和平活动	30	0
发展核武器	468	0
履行军事技术合作的国际义务	109	0
国防问题的应用研究	3298	0
其他国防问题	4378	0

资料来源：俄罗斯联邦国库局网站，https://roskazna.gov.ru/ispolnenie-byudzhetov/konsolidirovannyj-byudzhet/。

6. 全国性问题支出

在俄罗斯政府预算支出中列为第一项的全国性问题支出，即政府管理支出。俄罗斯全国性问题支出主要包括：俄罗斯联邦总统职能的履行，俄罗斯联邦主体政府和地方自治政府最高首脑职能履行、国家立法机构和地方代表机构职能的履行，俄罗斯联邦政府、俄罗斯联邦主体政府和地方自治政府职能的履行，保障联邦法院系统运行，保障财政、税收、海关部门及财政预算监督部门的正常运行，保障选举和全民公决，保障国际事务和国际合作的开展，保障国家物资储备，促进基础科学研究，设立后备基金，全国性问题的应用研究和其他全国性问题（见表2-15）。

表2-15　全国性问题支出具体项目

名称	用途
俄罗斯联邦总统职能的履行	主要用于保障俄罗斯联邦总统，总统办公室，总统在联邦区和相应机构的全权代表和副代表，在欧洲人权法庭的代表，总统办公厅，代替总统出访的最高代表，以及根据欧洲人权法庭作出的有关决定，向原告支付的货币补偿等
俄罗斯联邦主体政府和地方自治政府最高首脑职能履行	指联邦主体和地方政府最高领导人职能履行的有关支出
国家立法机构和地方代表机构职能的履行	指保障俄罗斯联邦议会、联邦主体和地方立法机构运行的支出

续表

名称	用途
俄罗斯联邦政府、俄罗斯联邦主体政府和地方自治政府职能的履行	指保障俄罗斯联邦政府、联邦主体和地方执行部门运行的支出
保障联邦法院系统运行	指保障俄罗斯联邦法院、宪法法院、俄罗斯联邦最高法院及其在地区的司法局活动的支出
保障财政、税收、海关部门及财政预算监督部门的正常运行	指领导与管理上述部门的部、局、厅正常运行的支出
保障选举和全民公决	指用于筹备和组织选举和公决,培训、发展选举组织者和选民的资金,以及用于维持中央选举委员会、联邦主体选举委员会、地方选举委员会的支出
保障国际事务和国际合作的开展	指用于保障俄罗斯联邦外交使团,领事机构,在国际组织的代表处,以及在国外的贸易和经济问题代表处的支出
保障国家物资储备	指用于保障联邦国家储备署、联邦主体和地方储备局,以及物资储备活动的支出
促进基础科学研究	指不追求任何实际应用价值、新的基本知识和发明领域的科学研究支出
设立后备基金	指用于俄罗斯联邦总统、俄罗斯联邦政府、俄罗斯联邦主体政府和地方政府后备基金建设的预算拨款
全国性问题的应用研究和其他全国性问题	—

对于全国性问题支出,俄罗斯联邦政府主要负责联邦总统职能的履行,国家立法机构和联邦政府职能的履行,保障联邦法院系统运行,保障财政、税收、海关部门及财政预算监督部门的正常运行,保障国际事务和国际合作的开展,保障国家物资储备,促进基础科学研究等支出;联邦主体政府则主要承担联邦主体政府和地方自治政府最高首脑职能履行、地方代表机构职能的履行、联邦主体政府和地方自治政府职能的履行、保障选举和全民公决支出等(见表2–16)。

表 2-16　　　　　2020 年俄罗斯全国性问题支出　　　　　单位：亿卢布

名称	联邦政府预算	联邦主体汇总预算
全国性问题	15077	9369
俄罗斯联邦总统职能的履行	273	0
俄罗斯联邦主体政府和地方自治政府最高首脑职能履行	0	224
国家立法机构和地方代表机构职能的履行	157	382
俄罗斯联邦政府、俄罗斯联邦主体政府和地方自治政府职能的履行	89	2277
保障联邦法院系统运行	2022	286
保障财政、税收、海关部门及财政预算监督部门的正常运行	3423	579
保障选举和全民公决	182	303
保障国际事务和国际合作的开展	3597	11
保障国家物资储备	1255	0
促进基础科学研究	2032	11
设立后备基金	0	0
全国性问题的应用研究	463	14
其他全国性问题	1583	5282

资料来源：俄罗斯联邦国库局网站，https://roskazna.gov.ru/ispolnenie-byudzhetov/konsolidirovannyj-byudzhet/.

7. 国家安全和法律维护支出

俄罗斯的国家安全和法律维护支出也是一项政府重要的预算支出内容，具体包括：起诉和监察机构、内务部门、内务部队、司法机构、惩戒机构、安全机构、边境管理部门、保护居民及国家免受自然及人为灾害事件的影响、消防安全、移民政策以及保护公民、维护法律秩序等方面的支出（见表 2-17）。

表 2-17　　　　　国家安全和法律维护支出具体项目

名称	用途
起诉和监察机构	主要是指用于保障俄罗斯联邦检查总局、俄罗斯联邦主体监察局、地方自治政府监察局，以及其他地区或专业监察机构运行的支出

续表

名称	用途
内务部门	主要是指用于保障俄罗斯联邦内务部，内务部联邦区内务管理总局，联邦主体内务管理总局，地方政府内务管理局，铁路、水路和航空交通运输内务管理局，封闭行政管理区内务管理局，铁路、水路和航空交通运输内务管理局，封闭行政管理区内务管理局，军事地区后勤和物资管理局，以及俄罗斯内务部驻国外代表处的运行支出
内务部队	主要是指用于保障内务部队正常军事活动的支出
司法机构	指用于保障俄罗斯联邦司法部，俄罗斯联邦主体司法局和地方司法局的正常运行支出
惩戒机构	指用于联邦监狱，联邦主体监狱，地方政府监狱以及惩教机构的支出
安全机构	指用于联邦和联邦主体安全机构的支出
边境管理部门	指用于保障边境管理机构、边防部队、其他边防军，以及边防检察机构的活动支出
保护居民及国家免受自然及人为灾害事件影响	指用于保障民防、紧急情况和消除自然灾害后果部管理总局、联邦主体管理局和地方管理局的运行支出
消防安全	指用于国家消防局，地方消防机构，消防部门，志愿消防部门，以及消防保护协会等的运行支出
移民政策	指保障提供移民服务的联邦移民局和地方移民局正常运行的支出
保护公民、维护法律秩序	—

资料来源：本表由本书作者归纳整理。

俄罗斯国家安全与法律维护支出主要由联邦政府承担，联邦主体仅承担少部分支出责任。在国家安全和法律维护的所有支出项目中，内务部门、安全机构、内务部队与惩戒机构支出排名前四位，全部由联邦政府承担。司法机构支出、保护居民及国家免受自然及人为灾害事件影响支出、消防安全与移民政策支出由联邦政府与联邦主体分担，但联邦政府仍负责主要支出责任（见表2-18）。

表2-18　　2020年俄罗斯国家安全和法律维护支出　　　　单位：亿卢布

名称	联邦政府预算	联邦主体汇总预算
国家安全和法律维护	22266	1676
起诉和监察机构	1314	0
内务部门	7095	0
内务部队	2529	0
司法机构	789	57
惩戒机构	2442	0
安全机构	3904	0
边境管理部门	1502	0
保护居民及国家免受自然及人为灾害事件影响	631	674
消防安全	1560	603
移民政策	14	3
国家安全和法律维护的应用研究	362	0
其他国家安全和法律维护问题	124	340

资料来源：俄罗斯联邦国库局网站，https://roskazna.gov.ru/ispolnenie-byudzhetov/konsolidirovannyj-byudzhet/。

8. 住房和公用事业支出

俄罗斯住房和公用事业支出主要包括：住房建设、公用事业发展、环境美化、住房及公用事业的应用研究、其他住房和公用事业问题等方面的支出（见表2-19）。

表2-19　　住房和公用事业支出具体项目

名称	用途
住房建设	主要是指用于住房服务管理、住房建设和改造、住房修缮维护部门补贴等方面的支出
公用事业发展	主要是指促进公共事业发展和提供公共事业服务方面的支出，包括向为居民提供公共事业服务和其他专业服务（如殡葬业）的部门发放补贴，墓地的维护和管理支出，生活和工业废弃物的回收、处理和再加工
环境美化	主要指居民区环境美化支出，包括街道的亮化、绿化、美化、修缮和维护
住房及公用事业的应用研究、其他住房和公用事业问题	—

资料来源：本表由本书作者归纳整理。

俄罗斯住房和公用事业支出主要由联邦主体政府承担，占全部支出额的78.2%，联邦政府支柱仅占21.8%。2020年，俄罗斯联邦主体在住房建设、公用事业发展与环境美化分别支出2390亿卢布、4402亿卢布、5399亿卢布，分别占住房和公用事业总支出的14.0%、25.9%、31.7%；联邦政府在以上项目中的支出分别为412亿卢布、801亿卢布、880亿卢布，仅占住房和公用事业总支出的2.4%、4.7%、5.2%（见表2-20）。

表2-20　　　　2020年俄罗斯住房和公用事业支出　　　　单位：亿卢布

名称	联邦政府预算	联邦主体汇总预算
住房和公用事业	3715	13299
住房建设	412	2390
公用事业发展	801	4402
环境美化	880	5399
住房及公用事业的应用研究	4	1
其他住房和公用事业问题	1617	1108

资料来源：俄罗斯联邦国库局网站，https://roskazna.gov.ru/ispolnenie-byudzhetov/konsolidirovannyj-byudzhet/.

四、小结

整体来看，俄罗斯各级政府事权与支出义务划分较为明确。俄罗斯对联邦和地方政府的事权范围进行了明确，包括各级政府的具体支出权限和责任、每一项职能相应的资金来源，明确提出了划分联邦中央与地方支出权限的五条原则。这五条原则分别是：①从属原则，即行使一项支出权能的政权机构应该尽可能地接近相应预算服务的受益者。②区域一致性原则，即对于实现支出权能的政权机构，其司法权力的有效范围和预算服务的受益范围应该尽可能一致。③外部效应原则，即一项支出权能的社会相关性越广，则通常越应该属于更高级次的政权。④区域差别原则，即在预算服务的提供与需求中一项支出权能在地区之间的差异越大,则通常越应该属于较低层次的政权。⑤规模效用原则,即通常预算支出的集中化有利于预算资金的节约。根据支出义务的划分,俄罗斯联邦政府的主要支出责任在于社会政策(集中于养老保障、家庭和儿童保护)、国民经济、国防等支出,联邦主体政府与地方政府则主要承担教育、社会政策(集中于给居民的社会保障)、医疗卫生、住房等支出。

第三章 以简化税制、减轻税负为核心的俄罗斯税制改革

在俄罗斯政府预算收入中，税收是最重要的收入形式，约占全部政府预算收入的90%。20世纪90年代初，俄罗斯开启税收制度改革，目的是按照市场经济需求转变国家与实体经济之间的关系，这使俄罗斯财政收入来源发生了根本性转变，由以国有企业利润为主转向以企业税收为主。1998年后，俄罗斯以降低税负为首要目标启动新一轮税收改革，并相继颁布《税法典》第一部分和第二部分，为俄罗斯税法的统一奠定了基础。俄罗斯的主要税种包括增值税、企业所得税、矿产资源开采税、个人所得税和关税等。多年来，俄罗斯围绕简化税制、减轻税负这一目标，对税收制度进行了一系列调整。

一、以税收为重点的政府收入

俄罗斯将全部税种按征管权划分为联邦税、地区税和地方税，其中部分联邦税和地区税是联邦、联邦主体和地方分享的共享税。俄罗斯联邦政府与联邦主体政府以税收收入为主，地方政府则在很大程度上依赖于其他层级政府的转移支付与无偿补助。

（一）以《预算法典》规范各级政府收入范围

俄罗斯联邦政府、联邦主体政府与地方政府收入均包括税收收入与非

税收入。其中，联邦政府和联邦主体政府以税收收入为主，地方政府以其他级别政府转移支付与补贴收入为主。根据《俄罗斯联邦预算法典》的规定，各级政府预算收入的范围如下：①联邦政府税收收入主要包括增值税、企业所得税、消费税、矿物开采税、水税、关税等，非税收入包括使用俄罗斯联邦国有财产的收入以及有偿劳务收入、出售俄罗斯联邦的国家所有的财产所得的收入、许可费、海关收费等；②联邦主体政府税收收入包括企业所得税、个人所得税、娱乐项目税、运输税、消费税、矿物开采税等，非税收入包括使用与出售俄罗斯各联邦主体国有财产的收入、土地森林使用费、水资源使用费等；③地方政府税收收入主要包括个人所得税、统一农业税、土地税、专利税等，非税收入包括地方财产的使用与出售费用、转移支付等（见表3-1）。

表 3-1　　　　　　　　俄罗斯各级政府预算收入范围

	税收收入	非税收入
联邦政府	（1）企业所得税； （2）增值税； （3）对所有类型原材料（食品除外）的乙醇征收消费税、烟草制品消费税、汽车和摩托车消费税、对进口到俄罗斯境内的应税货物和产品征收消费税、用于加工石油原材料的消费税、对在俄罗斯境内生产的深色船用燃料征消费税，对食品原料中的乙醇征收消费税、含酒精产品的消费税、对在俄罗斯境内生产的中间馏分油征消费税，乙醇浓度超过9%的酒精饮料（不包括啤酒、葡萄酒、水果酒、起泡酒）消费税，在俄罗斯境内生产的车用汽油、直馏汽油、柴油燃料、柴油发	（1）使用俄罗斯联邦国有财产的收入以及有偿劳务收入； （2）出售俄罗斯联邦的国家所有的财产所得的收入； （3）许可费； （4）海关收费； （5）森林、水以及土地资源等使用费； （6）对环境造成负面影响的付款； （7）领事收费； （8）专利费； （9）按照法律规定的标准收取俄罗斯联邦中央银行在税收和其他义务付款后的剩余利润； （10）对外经济活动的收入； （11）在税收和其他义务付款后，出售、处置武器和军事装备产品所获得的资金； （12）在税收和其他义务付款后，从特殊原材料和裂变材料的国家库存中释放物质资产所收到的资金

续表

	税收收入	非税收入
联邦政府	动机油或化油器（喷射）发动机的消费税； （4）碳氢化合物原料矿物开采税，除碳氢化合物、天然钻石和普通矿物以外形式的资源开采税； （5）水税； （6）对开采碳氢化合物的额外所得收入征税； （7）关税	
联邦主体政府	（1）企业所得税； （2）经营娱乐项目税； （3）运输税； （4）个人所得税，外国法人在俄罗斯境内从事劳务活动并以固定预付款形式缴纳个人所得税； （5）乙醇含量达到9%的酒精消费税，对食品原料中的乙醇征收消费税、含酒精产品的消费税、对在俄罗斯境内生产的中间馏分油征收消费税，在俄罗斯境内生产的车用汽油、直馏汽油、柴油燃料、柴油发动机油或化油器（喷射）发动机的消费税，乙醇浓度超过9%的酒精饮料（不包括啤酒、葡萄酒、水果酒、起泡酒）消费税； （6）除碳氢化合物、天然钻石和普通矿物以外形式的资源开采税	（1）使用俄罗斯各联邦主体国有财产的收入； （2）出售各联邦主体国有财产的收入（股份和其他形式的资本参与、国家贵金属和宝石库存除外）； （3）对环境造成负面影响的付款； （4）土地森林使用费，包括超过森林销售合同最低租金和最低费用，为满足需求购买和出售林地的合同费用，以及俄罗斯联邦主体拥有的其他地区的森林使用费； （5）出售联邦拥有的土地的收入，并行使俄罗斯联邦的管理和处置权，这些土地已移交给俄罗斯各联邦主体，租赁权出售率不超过50%； （6）各联邦主体拥有的水资源使用费； （7）对含有天然钻石的矿床的一次性使用费； （8）在俄罗斯联邦境内使用地下资源的定期付款； （9）提供由国家机构保存的国家登记册（登记册）所载文件的费用，如果这些文件是通过公共和地方服务多功能中心提供的，则由这些机构、机构管理； （10）俄罗斯联邦各主体行政部门、国家或地

续表

	税收收入	非税收入
联邦主体政府		方企业就俄罗斯联邦主体拥有的土地签订的土地使用权协定的费用； （11）莫斯科、圣彼得堡和塞瓦斯托波尔的联邦城市，对环境的负面影响收费； （12）在莫斯科、圣彼得堡和塞瓦斯托波尔联邦城市边界内未划定国家所有权的土地的租赁收入，以及出售这些土地租赁权的资金； （13）取消对土地重建、建筑物和设施的禁令的费用
地方政府	（1）土地税； （2）财产税； （3）个人所得税； （4）对某些活动的推算收入征收统一税； （5）统一农业税； （6）专利税	（1）属于地方所有的财产（市级预算和自治机构的财产除外）以及市级单位企业（包括国企）财产的使用金； （2）属于地方所有财产（股票和其他形式的参股、市级预算与自治机构的动产除外）的出售金； （3）地方府机构提供有偿服务的收入； （4）地方单一制企业（国有企业和自治地方所有企业、国库企业和公库企业）的部分利润在支付税款和其他强制性付款后的剩余部分，其数额根据地方代表机构的地方法案规定； （5）位于地方所有权土地上的森林使用费； （6）根据国家（地方）机构、统一住房开发机构、国家或地方企业规定，就地方当局拥有的地块或国家未划定所有权的地块以及位于城区、有内部行政分区的城市、城市和农村居民区边界内的地块，所签订的地役制协议所得的收入； （7）其他级次政府的转移支付与补助金收入

资料来源：《俄罗斯联邦预算法典》（Бюджетный кодекс России）2021，https：//budkod.ru/.

2006年，俄罗斯在全国范围内新建上万个居民区预算机构，并协助其进行预算的编制、审批和执行工作。原因在于基层政府更贴近民众，更了解本地居民的偏好。由此，俄罗斯地方预算收入被划分为城市内部街区以及农村居民区等预算收入。

随着经济社会的发展，俄罗斯出现了地区化的发展趋势，调解社会和经济发展的职能越来越多地由联邦政府转移到联邦主体政府。因此，联邦主体预算的作用在不断增强，管理的范围也不断扩大。联邦主体预算是俄罗斯联邦以下预算的中心环节，担负着为俄罗斯联邦主体政府履行职能提供资金保障的重任。

（二）以税种征管权划分政府各级收入

为保障各级政府支出责任的落实，俄罗斯联邦《税法典》将全部税种划分为联邦税、地区税和地方税。需要指出，俄罗斯的联邦税、地区税与地方税并不是以收入归属来划分，而是以税种的征管权来划分。俄罗斯税收立法权集中在联邦中央，在全国统一开征的税种为联邦税，地区和地方无权干预；在统一税法之下各联邦主体拥有征管权的税收为地区税，各地方政府有征管权的税种为地方税。至于各税种的收入，可能全部收入划归相应级次预算，也可能由联邦、联邦主体或地方分享。俄罗斯的联邦税大多为共享税，也就是说，虽然名义上为联邦税，但其实际收入为联邦政府、联邦主体政府与地方政府所共享。如企业所得税按税率在联邦政府和联邦主体政府间分享，3%税率的收入归联邦政府，17%税率的收入归联邦主体政府；个人所得税收入按82%和18%的比例在联邦主体与地方政府间分享；消费税、矿产资源开采税按一定比例在各级政府间分配。

俄罗斯联邦政府的主要收入来源于石油出口税与矿产资源开采税、增值税、消费税与关税等，联邦主体政府的主要收入是个人所得税，地方政府在很大程度上依赖于转移支付与补助金收入。

1. 以石油出口税与矿产资源开采税为主的联邦政府收入

对于俄罗斯联邦政府，石油出口税与矿产资源开采税收入（油气收入)所占比重位居第一,国内货物增值税位居第二。2020—2022年,俄油气收入规模大幅上升,由52352亿卢布升至至115862亿卢布,累计扩大1.2倍;占联邦财政总收入的比重由28%升至41.6%,累计增加13.6个百分点。同期,国内货物增值税收入不断扩大,由42686亿卢布上升至64894亿卢布,累计增长52%;其占联邦财政收入比重由22.8%增至23.3%。除此以外,联邦政府的其他税收与非税收入规模在近三年基本保持平稳,波动幅度较小。

2. 以个人所得税为重点的联邦主体政府收入

俄罗斯联邦主体政府的收入来源于政府间转移支付与自有收入。其中,自有收入主要包括企业所得税、个人所得税以及其他收入。俄罗斯联邦主体政府的主要收入来源是个人所得税,其次是企业所得税。不过,近三年企业所得税大幅扩大,在联邦主体政府收入中的比重已接近于个人所得税。2020—2022年,俄罗斯个人所得税收入由42531亿卢布增至55801亿卢布,累计增长31.2%,其在联邦主体财政收入的比重约为28%;企业所得税收入由29270亿卢布大幅升至46865亿卢布,累计增长60.1%,占比由19.6%涨至23.8%,累计增加4.2个百分点。此外,政府间转移支付由37760亿卢布增至39213亿卢布,其占联邦主体政府总收入的比重则由25.3%降至19.9%,累计减少5.4个百分点。

3. 以转移支付与无偿补助为支撑的地方政府收入

对于俄罗斯地方政府,来自其他级别预算的预算间转移支付和补助金收入是主要的收入来源,占地方政府收入的比重近70%。除此以外,税收收入也是地方政府的重要收入来源。2021年,俄罗斯地方政府税收收入为15698亿卢布,同比增长11.8%;其占地方财政收入的比重为28.4%,同比增加0.5个百分点。同年,来自其他级别预算的政府间转移支付和无偿补助为36673亿卢布,同比增长77.8%;其占地方财政收入的比重为66.2%,同比减少1.1个百分点(见表3-2)。

表 3-2　　　　　　　　俄罗斯各级政府收入结构　　　　　　　单位：亿卢布

	2020 年	2021 年	2022 年
联邦政府收入			
总收入	187191	252864	278244
石油出口税与矿产资源开采税收入（油气收入）	52352	90565	115862
非油气收入	134838	162299	162382
国内货物增值税	42686	54793	64894
国内商品消费税	9003	10128	11472
企业所得税	10914	15524	16695
进口货物增值税	29335	37330	30634
进口商品消费税	1021	1326	1038
进口关税	7132	8589	6104
其他收入	34748	33702	30054
联邦主体政府收入			
总收入	149012	175463	196769
政府间转移支付	37760	36764	39213
自有收入	111252	138699	157557
企业所得税	29270	45293	46865
个人所得税	42531	47932	55801
其他收入	39450	45474	54891
地方政府收入			
总收入	50499	55360	
自有收入	16472	18687	
税收收入	14045	15698	
其中：个人所得税	9072	9889	
统一收入认定税，包括按简易程序征收的小微企业统一税、统一农业税、专利税等	1795	2313	
土地税	1615	1661	
财产税	527	575	
非税收入	2427	2989	

续表

	2020 年	2021 年	2022 年
来自其他级别预算的政府间转移支付（无补助金）和其他无偿收入	17547	18830	
补助金	16479	17843	

资料来源：俄罗斯联邦财政部官方网站，https://minfin.gov.ru/ru/.

二、通过税制改革优化收入结构

为构建更为合理的政府收入结构，俄罗斯对相关法律法规进行了多次改革，不断调整预算分类、简化预算收入分类体系。

（一）俄罗斯税制改革进程

在俄罗斯政府预算收入中，税收是最重要的收入形式，约占全部政府预算收入的 90%。20 世纪 90 年代初，俄罗斯开启税收制度改革，目的是按照市场经济需求转变国家与实体经济之间的关系，这使俄罗斯财政收入来源发生了根本性转变，由以国有企业利润为主转向以企业税收为主。1998 年后，俄罗斯以降低税负为首要目标启动新一轮税收改革，并相继颁布《税法典》第一部分和第二部分，为俄罗斯税法的统一奠定了基础。俄罗斯的主要税种包括增值税、企业所得税、矿产资源开采税、个人所得税和关税等。多年来，俄罗斯围绕简化税制、减轻税负这一目标，对税收制度进行了一系列调整（见图 3-1）。

1992—1998 年：

这一时期俄罗斯税收法律极不完善，联邦主体和地方立法机关有权决定在本地区开征税种，税收制度存在许多问题："非强制性"税种众多、税率过高、存在众多流转税、税收优惠繁多。这些问题导致俄罗斯偷税漏税现象十分严峻

⇩

1998—2018年：

1. 俄罗斯推行以简化税制、减少税种、降低税率、减轻税费为目标的税制改革，颁布《税法典》，以法律形式规范税制。

2. 停征部分税种，包括道路使用税、住房公积金和文化专项基金税、燃料和润滑油销售税、广告税、证券交易税、外币现金购买税等。

3. 保险缴费由"费转税"后又由"税转费"。2001年，俄罗斯将养老保险、社会保险和强制医疗保险缴费合并为统一社会税，在全国范围内统一征收，2005年税率为26%。因统一社会税无法满足社会保障的缴费需求，2010年，俄罗斯停征统一社会税，重新开征强制性社会保险费，并将费率上调至34%。2017年，社会保险总费率由34%下降至30%，养老保险费率由26%下降至22%。

4. 降低部分税率：企业所得税税率由35%下降至24%，2009年进一步降至20%。企业所得税按税率在联邦政府和联邦主体政府间分享，2017—2024年间，3%税率归联邦政府，17%税率归联邦主体政府，联邦主体立法机构有权降低这部分税率，但不得低于13.5%。增值税税率由20%降至18%

5. 个人所得税取消累进税率，统一采取13%的单一税率，个人所得税按85%和15%的比例在联邦主体和地方政府间分享。

2019年以来：

1. 调高增值税税率，由18%提高到20%。

2. 取消出口关税，逐年降低原油和油品出口税，提高石油开采税税率，提供税收优惠和引入退税制度。

3. 改变个人所得税税率。自2021年1月1日起，俄罗斯个人所得税添加15%税率，年收入为500万卢布以下的个人所得税率为13%，年收入超过500万卢布的个人所得税率为15%

图3-1 俄罗斯税收制度改革进程

（二）俄罗斯税制改革重点方向

针对税收制度面临的多重挑战，俄罗斯将其税收制度改革的主要方向确定为：①扩大税收收入、平衡国家预算；②优化税收收入结构，摆脱财政收入对能源的过度依赖；③提高税收征管水平，保障税收公平与效率。

1. 扩大税收收入，平衡国家预算

对于俄罗斯来说，保障预算平衡是税制改革的第一要务。2012 年以来，联邦政府财政的运行状况较不稳定。在近十年，联邦政府仅在 2018 年、2019 年与 2021 年此三年实现财政盈余，其余时间均处于赤字状态。

多年的财政赤字，使俄罗斯将优化税收制度、促进经济发展作为税制改革的主要任务。要增加税收收入就需要扩大征税、提高税负，而税负的加重不仅会恶化俄罗斯的投资环境，还会降低俄罗斯企业的国际竞争力，进而对经济复苏产生不利影响。虽然提高税负虽并非最好的选择，但相比超发货币、盲目扩大债务可能引发的宏观经济失衡，以税制改革实现对预算平衡的保障，对于俄罗斯来说依然是更为有效且现实的选择。

面临这样一个两难抉择，俄罗斯认为，对社会经济影响最小的税制改革举措就是提高增值税税率，其原因在于：①提高增值税税率对消费带来的负面影响，远比加大对投资与劳动力课税要低得多；②相比其他税种，增值税收入受国际市场行情影响较小，增值税收入的提高可优化俄罗斯税收收入结构，摆脱对国际市场行情的依赖。

2. 优化税收收入结构，摆脱能源依赖

一直以来，俄罗斯联邦政府预算中来自油气收入的比重极高，占到了政府预算收入的半壁江山。在这种情况下，俄罗斯联邦政府预算极易受到国际石油价格的影响，石油价格上升则财政收入上涨，石油价格下跌则财政收入下降。国际石油价格不仅成为影响俄罗斯联邦政府预算的重要因素，也成为西方国家控制与制约俄罗斯的政治经济手段。为此，降低油气收入占比，摆脱油气价格对俄罗斯联邦政府预算的影响，一直是俄罗斯税制改革追求的目标。

2015 年以来，俄罗斯政府开始积极着手相关改革，试图通过调整油气税收课征方式，降低石油出口关税税率，提高矿产资源开采税税率，平衡重、轻质原油出口关税税率，以优化预算收入结构，保障俄罗斯税收收入的长期可持续发展。

3. 规范税收征管，保障税收公平与效率

税收公平与效率的缺失会导致经济决策及竞争的失效、市场寻租及滥用职权现象的泛滥，其负面效应极为显著。为此，需要从规范税收优惠、完善税法等方面，强化税收征管，提高公平与效率。

（1）规范税收优惠，保障税收公平

当前俄罗斯的税收优惠不仅过多，且偏向于强势及垄断行业及部门，不具有普惠性。为此，俄罗斯有关部门及专家指出，应对各个税种的税收优惠进行普遍清理：一是减少税收优惠数量；二是压缩税收优惠范围，对于不具有普惠性质的税收优惠一律取消。为此，俄罗斯对个人所得税、财产税等税种的税收优惠进行了调整。例如，近年个人所得税的纳税人出售其长期住宅不再享受免税，设置个人所得税财产扣除上限，取消对铁路、管道运输、输电线路等垄断行业的财产税优惠等。

与此同时，为促进小微企业发展，俄罗斯增加了对这类企业的税收优惠与减免。①减免个人服务税费，对非个体业主的居民个人自愿向其他居民提供诸如保洁、家政、照顾老弱病残服务的情况，免征个人所得税及社会保险缴费。②对个体企业税控收银机的购买实施免税，以促进小微企业统一税纳税个体业主尽快安装税控收银机。③缩短小微企业统一税减免系数调整期限。俄罗斯通过立法程序对小微企业统一税减免系数确定时限进行调整，由3年调整一次改为每年依照通货膨胀预期水平进行调整，调整期限的缩短会有助于控制俄罗斯中小企业税收负担的增长。

（2）完善相关税收法律，提高税收征管效率

从提高税收征管效率的角度来说，强化税收征管具有极为积极的意义。其中，通过税收立法规范合法减税与非法避税之间的界限，则是提高税收征管质量的重要前提条件。为此，俄罗斯专家指出，应做到：①完善相关税收法律解释与说明机制，当纳税人遵守法律法规的要求，在法律禁止范围之外降低自身承担的税收负担，应视为合法行为。②完善税收争议预审程序，对有争议的税收问题应由财政部予以统一解释，由税务部门予以统一执行。③构建违反税收法规责任制度，限制税务检查官员自由裁量权的过度行使。④严格区分税收违法以及行政违规之间的区别，避免税收

处罚和行政处罚的重复。

此外,俄罗斯还计划通过数字化税收管理,提高税收征集率,减轻纳税人税收负担。自2018年7月1日起,俄罗斯开始对网上零售交易课税,由税务机关与海关对基础数据、管理系统实施对接与共享。

三、俄罗斯联邦政府税收改革重点

鉴于增值税、矿产资源开采税、原油出口关税与个人所得税改革在俄罗斯税收体系中具有重要意义,由此,本部分聚焦分析上述税种的改革内容。

(一)增值税改革主要内容

增值税是俄罗斯最为重要的税种,占俄罗斯联邦汇总预算收入的比重超过15%。因税收规模大、占联邦汇总预算收入比重高、涉税企业数量众多,任何一项微小的改革都会引发连锁反应,俄罗斯对增值税改革一直采取较为谨慎的态度。自1992年开征起,增值税虽也经过多次微调,但根本性的变革相对较少。

1. 俄罗斯增值税改革的基本特点

俄罗斯增值税是在借鉴欧洲经验的基础上设立的,因此从基本概念设定、税收法律确定、税率结构安排、征缴对象设计等方面,都与欧洲国家的增值税保持高度一致。

俄罗斯的增值税改革具有以下特点:①以欧洲标准确定增值税货物及劳务销售地,引入零税率及其他技术标准,添加个体业主为增值税纳税人;②引入增值税免税机制;③以单一比例税率(不包括零税率)课征增值税;④向权责发生制转换,增值税的课征由税收负担产生之时转向扣除权限获得之时;⑤依照国际惯例缩小标准免税清单范围;⑥统一按目的地国税率课征增值税,而不论对方是否为贸易伙伴国(改革前对独联体国家按照原产国税率征收);⑦享有基本建设投资税收扣除权的时限由固定资产登记之时转为投资支付之时（20世纪90年代曾规定要向基本建设供应商和承包商"摊销"一定金额的增值税，其中包括税收扣除）；⑧制定增值税零税率税收返还申请机制和统一申报表；⑨对税收立法中涉及的其他细节性问题予以明确规定，包括增值税返还程序。

2. 增值税改革方向

20世纪90年代，俄罗斯认为，应该像西方国家一样，提高直接税（特别是所得税）比重，降低间接税比重。但近年来俄罗斯官方已不断释放一种信号，即税制改革应将税收负担逐步转移至间接税，即提高间接税、降低所得税，在减轻居民及企业负担的同时促进消费发展。

在俄罗斯，最早提出调高增值税税率建议的是盖达尔研究所。盖达尔研究所经过测算指出，将增值税税率提高2个百分点，可以促进国内生产总值增长1%，但超过这一幅度的税率增长则会恶化俄罗斯企业的竞争力，使其在全球竞争中处于不利地位。

2018年，俄罗斯对《税法典》进行了修订，将增值税税率由18%提高到20%。俄罗斯财政部部长西卢阿诺夫指出，在提高增值税税率的同时，俄罗斯将降低社会保险缴费费率，将社会保险缴费费率由30%降低到22%，以保障企业税收负担不会加重，预算收入不受影响。

(二) 能源相关税收改革主要内容

俄罗斯矿产资源丰富，是全球最大的矿产开采及出口国之一，在很长一段时期，俄罗斯一半左右的联邦财政收入来源于石油天然气出口关税与矿产资源开采税。为保障联邦财政收入长期可持续发展，俄罗斯一直高度关注能源税收制度的建设，特别是近年来随西方国家制裁的不断加码，国际油价的持续下跌，卢布汇率大幅贬值，使以能源为主要来源的俄罗斯联邦财政收入急剧下降。为此，俄罗斯政府积极着手能源领域的相关改革。

2015年以来，面对国际油价的持续低迷，为推动联邦财政收入长期可持续发展，俄罗斯积极改革油气收入课征制度，降低出口关税税率、弱化出口关税权重，同时提高矿产资源开采税税率、强化矿产资源开采税地位。这一改革使俄联邦财政收入部分实现了降低油气收入外部依赖的预期,并逐步增强了对油气收入的内部控制能力。

1. 提升矿产资源开采税地位

在俄罗斯国内石油开采量稳步上升、而国际油价低位徘徊的背景下,俄政府将油气收入课征的重点由外部转向内部,即从对出口关税的课征转向对矿产资源开采税的课征,利用增长的矿产资源开采税收入弥补部分由于出口关税收入下降导致的财政收入不足。

俄罗斯石油的矿产资源开采税税率并非定值,而是根据石油的基础税率与相关系数进行调整①。根据俄罗斯联邦《税法典》的规定,2015年俄罗斯石油的基础税率为766卢布/吨,2016年调高至857卢布/吨,2017年再提高至919卢布/吨,至今仍保持这一水平。随着矿产资源开采税税率上升,矿产资源开采税收入与油气出口关税收入的权重也发生了转变。2015年之前,俄罗斯油气出口关税是俄罗斯最重要的油气收入来源,占油气收入的比重超过60%。2015年,矿产资源开采税收入占油气收入比重达53%,首次超过油气出口关税比重。此后,矿产资源开采税收入比重逐年递增。截至2021年,俄罗斯矿产资源开采税收入达到71109亿卢布②,占油气收入的比重达76.2%,相比于2014年扩大了1倍(见图3-2)。

2. 弱化出口关税权重

为减轻石油企业的出口关税负担,提高企业国际竞争力,弱化国际油价波动对油气财政收入的冲击,近年俄罗斯一直在下调原油出口关税税率。根据俄罗斯联邦经济发展部公布的数据,2018年,俄罗斯原油出口关税平均为127美元/吨,2021年降至59美元/吨,累计下降53.6%(见图3-3)。

---

① 石油矿产资源开采税税率 = 石油基础税率 × Кц/Дм,其中,Кц 表示国际原油价格系数,Дм 表示开采石油特性。石油基础税率由税法典强制规定,每年税法典会依据具体情况,对基础税率与相关指数进行调整。

② 资料来源:俄罗斯联邦财政部官方网站,https://minfin.gov.ru/ru/statistics/fedbud/oil/?id_65=122094-svedeniya_o_formirovanii_i_ispolzovanii_dopolnitelnykh_neftegazovykh_dokhodov_federalnogo_byudzheta_v_2018-2022_godu。

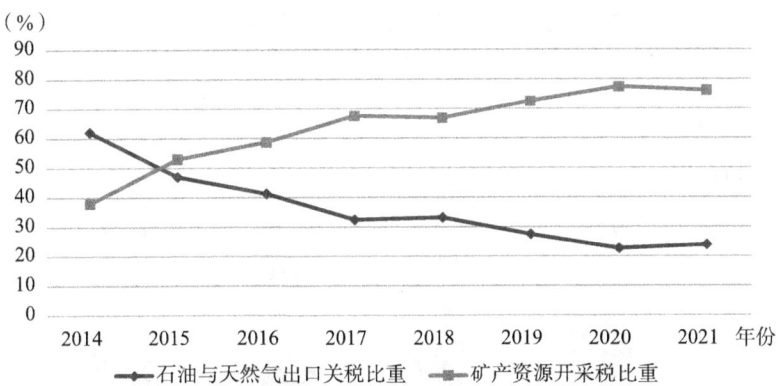

图 3-2　俄罗斯矿产资源开采税与出口关税比重变动情况

资料来源：根据俄罗斯联邦财政部官方网站数据整理，https://minfin.gov.ru/ru/statistics/fedbud/.

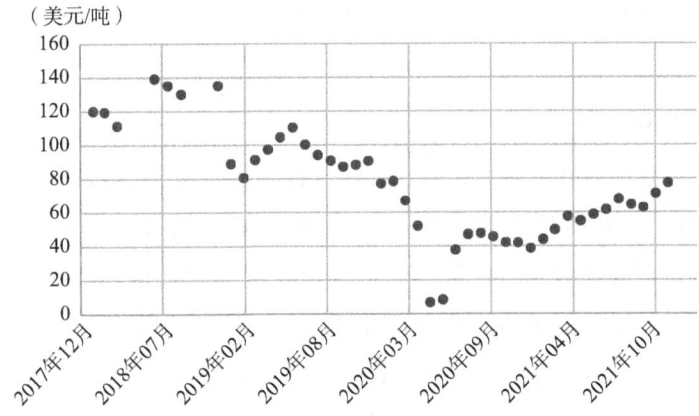

图 3-3　2018—2020 年俄罗斯原油出口关税税率月度变化

资料来源：俄罗斯联邦经济发展部网站，https://www.economy.gov.ru/material/directions/vneshneekonomicheskaya_deyatelnost/tamozhenno_tarifnoe_regulirovanie/.

石油出口关税税率的下降，极大降低了石油天然气出口关税收入，也在一定程度上缓解联邦财政对油气收入的依赖。2018—2021 年，俄罗斯石油天然气出口关税收入由 30079 亿卢布降至 22246 亿卢布，累计降低 26%；其在油气总收入的比重也由 33.2% 降至 23.8%，累计减少 9.4 个百分点（见图3-2）。同期，俄罗斯油气收入与联邦财政收入的比值也由46.4%逐年降至35.8%，累计降低22.7%（见图3-4）。

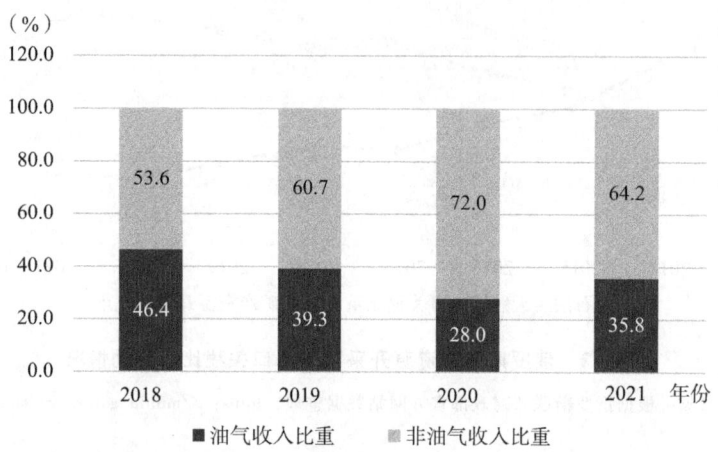

图3-4　2018—2021年俄罗斯油气收入与非油气收入占比

资料来源：根据俄罗斯联邦财政部官方网站数据整理，https://minfin.gov.ru/ru/statistics/fedbud/.

3. 开征新税种

为刺激新产地开发及合理利用油气资源，俄罗斯于2019年开征超额收入税（НДД），并将相关规定纳入《税法典》第25.4章。超额收入税是在扣除开采和运输成本之后，对石油企业所获石油收入增加值课征的税收，税率为50%。由于超额收入税分段课税，初期税率较低，有利于降低新产区开采及运作成本，新产区成熟后税率会相应提高以弥补第一阶段税收的损失。为限制企业夸大成本、缩小利润，对于成熟油田来说，其碳氢化合物原料的生产成本限定于每吨9520卢布，每年随通货膨胀指数上升。对于这一扣除标准，经过试点再对其进行调整。

4. 俄乌冲突对俄罗斯油气收入的影响

2022年俄乌冲突以来，西方国家对俄罗斯的制裁加剧，俄罗斯财政经济形势面临严峻考验。就目前来看，俄罗斯油气收入在国际油价上涨的推动作用下持续上升。为应对西方在能源方面的制裁，俄罗斯也采取了一些应对措施，以期维持财政状况平稳过渡。

(1) 油价上涨推动俄罗斯油气收入大幅上升

俄乌冲突以来,西方国家不断对俄罗斯进行施压,并且制裁俄罗斯的能源出口,其结果就是全球能源价格开始暴涨。2022年第一季度,乌拉尔石油的平均价格为88.95美元/桶,2021年1—3月仅为59.8美元/桶。截至2022年3月,乌拉尔石油的价格为89.05美元/桶,是2021年3月(63.62美元/桶)的1.4倍。

尽管受到西方的严厉制裁,俄罗斯油气收入在高油价的支撑下不减反增,这主要来自中国和印度对俄罗斯能源产品的巨大需求。自战争爆发以来,印度向俄罗斯购买了至少1300万桶石油,已接近2021全年所购买的量。此外,由于欧洲对俄罗斯能源的依赖太深,难以在短时间内找到替代来源,因此,短期内欧盟仍是俄罗斯石油和天然气的主要买家,其40%的天然气及27%的原油都需要从俄罗斯进口。2022年3月,俄罗斯联邦油气收入高达12081亿卢布,环比上涨24.3%,同比扩大1.1倍,是近三年来油气收入最高的月份;2022年第一季度,俄罗斯油气收入累计为29743亿卢布,相比于2021年第一季度增长了83.8%(见图3-5)。

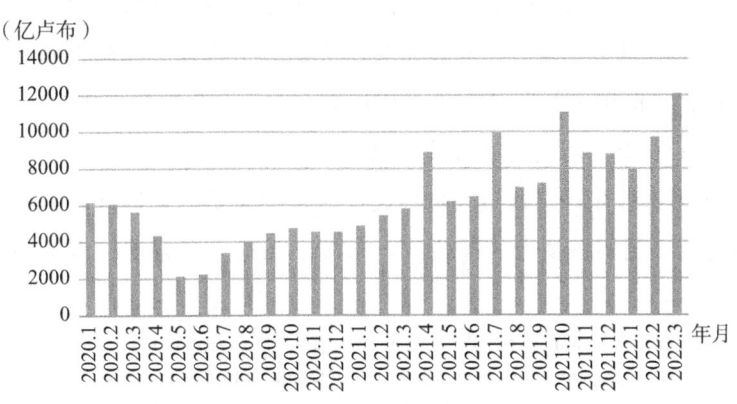

图3-5 俄罗斯油气收入月度变化

资料来源:俄罗斯联邦财政部官方网站,https://minfin.gov.ru/ru/statistics/fedbud/oil/?id_65=122094-svedeniya_o_formirovanii_i_ispolzovanii_dopolnitelnykh_neftegazovykh_dokhodov_federalnogo_byudzheta_v_2018-2022_godu.

（2）俄罗斯超额油气收入暂停计入国家福利基金

2022年3月9日，俄罗斯通过了对预算法的修正案①（第53-ФЗ号联邦法），规定2022年俄罗斯的超额油气收入不再计入国家福利基金②，而是用于代替政府借款，偿还政府债务，履行国家公共监管义务，以及为政府的其他优先措施提供财政支持。该法案适用于3月1日以来产生的预算收支。由此，俄罗斯联邦预算中超额油气收入的使用规则在2022年被暂停。

盖达尔研究所金融研究室负责人韦杰夫·阿列克谢指出③，政府决定在2022年暂停累积超额油气收入的预算规则，是一个绝对理性的决定，这一决定旨在稳定卢布汇率，确保金融和宏观经济的平稳过渡。在这一政策调整下，俄罗斯国家福利基金的资金量可能会下降，但国家将有5万亿—6万亿卢布的额外财政资源被直接计入联邦预算。根据财政部的数据，截至2022年3月1日，俄罗斯国家福利基金的规模为12.9万亿卢布，4月1日的规模上升至13.05万亿卢布，占2022年预计GDP的9.8%。然而，由于该基金是俄罗斯黄金和外汇储备的一部分，其在外国银行代理账户中的货币（人民币除外）受到制裁封锁，其中包括385亿欧元、41亿英镑和6003亿日元；其他资金存放在俄罗斯中央银行，投资于基础设施项目和股票。因此，目前国家福利基金的可使用资金仅为9.7万亿卢布。

（3）进一步下调油气出口关税税率

2022年4月5日，欧盟委员会提议对俄罗斯第五轮制裁，其中包括禁止煤炭进口以削弱俄罗斯的重要收入来源。在这一背景下，俄罗斯进一步

---

① Федеральный закон от 09.03.2022 N 53 - ФЗ "О внесении изменений в Бюджетный кодекс Российской Федерации и Федеральный закон "О внесении изменений в Бюджетный кодекс Российской Федерации и отдельные законодательные акты Российской Федерации и установлении особенностей исполнения бюджетов бюджетной системы Российской Федерации в 2022 году". http://www.consultant.ru/document/cons_doc_LAW_411112/.

② 国家福利基金是俄罗斯的主权财富基金，由原稳定基金发展而来，主要目的是当石油价格低于基础价格时，将石油部门的超额税收收入储备起来，在国际能源价格下跌或经济下行时退出，以熨平经济波动、促进预算平衡，保障俄罗斯经济稳定运行。

③ АЛЕКСЕЙ ВЕДЕВ：《ОТКАЗ ОТ ПОЛИТИКИ НАКОПЛЕНИЯ - ЭТО АНТИКРИЗИСНАЯ МЕРА ПРАВИТЕЛЬСТВА》. https://www.iep.ru/ru/kommentarii/aleksey-vedev-otkaz-ot-politiki-nakopleniya-eto-antikrizisnaya-mera-pravitelstva.html.

下调原油出口关税税率。据俄罗斯财政部的消息①，从 2022 年 5 月 1 日起，俄罗斯原油出口关税将降至 49.6 美元/吨，相比于 4 月（61.2 美元/吨）减少 11.6 美元/吨。不仅如此，汽油关税将从 18.3 美元/吨降至 14.8 美元/吨；液化气关税从 89 美元/吨降至 29.9 美元/吨；焦炭出口关税从 3.9 美元/吨降至 3.2 美元/吨。

（三）个人所得税改革主要内容

个人所得税在俄罗斯是一个传统但又颇为特殊的税种。虽然《税法典》规定个人所得税为联邦税，但个人所得税收入的支配权却不属于联邦政府，而是全额纳入联邦主体和地方预算，由联邦主体预算和地方预算共同支配。

21 世纪以来，俄罗斯以单一税制为核心的个人所得税改革引起了全世界的高度关注。虽有部分专家认为单一税制不利于收入再分配及社会公平的实现，但俄罗斯个人所得税改革实践证明，在税收秩序混乱、灰色经济活跃、税收遵从度偏低等问题普遍存在的情况下，以降低税率、拓宽税基、简化税制为原则的税制改革更符合俄罗斯个人所得税改革的实际需求。

1. 2001 年单一税制改革

2000 年前，俄罗斯个人所得税收入在税赋总额中所占份额极低，仅为 6.5%，远低于同期发达国家和转轨国家 25%—35% 这一比重。虽然导致俄罗斯个人所得税收入低迷的原因有许多，如居民收入水平偏低、税法复杂、税收优惠过多、税收征管薄弱，但其最根本的引致因素还在于：名义税负过高，偷漏税、特别是高收入阶层偷漏税现象严重，灰色经济大量泛滥。根据有关方面评估，2000 年俄罗斯隐性工资超过工资基金总额的 50%，而在居民的收入结构中，工资收入仅占全部所得的 2/3，其余 1/3 为难以监控的其他各类来源收入。由此，改革前俄罗斯的灰色收入几乎占到应税收入的 50%。普遍存在的偷漏税现象使俄罗斯财政每年遭受的损失

---

① О средней цене на нефть и экспортной пошлине. https：//minfin. gov. ru/ru/press - center/? id_ 4 = 37877 – o_ srednei_ tsene_ na_ neft_ i_ eksportnoi_ poshline.

超过 GDP 的 3%①。

鉴于全社会普遍无法接受过高的名义税率，偷漏税规模庞大，税收遵从度极低，俄罗斯当局认识到，降低所得税率将是优化所得税制、促使居民收入合法化、提高纳税遵从度、扩大税基，最终全面提高国家及地方财政收入的合理选择。

为此，俄罗斯于 2000 年宣布实行以单一税率为核心的个人所得税改革，并将个人所得税改革的基本目标锁定为：降低税率、促进收入合法化、提高个人所得税在经济中的实际地位。从 2001 年 1 月 1 日起，俄罗斯取消了原有的个人所得税三级超额累进税制，将普遍适用税率确定为 13%。事实证明，单一税率改革不仅提升了个人所得税收入，也有效增进了低收入人群的福利水平。

（1）个人所得税收入大幅提升

在个人所得税改革启动之前，俄罗斯财政部对改革可能带来的各种影响进行了全面评估。评估结果不甚乐观：调整税率、提高税收标准扣除将使个人所得税减收 422 亿卢布，收入合法化、取消养老基金提成和税收优惠以及居民名义和实际收入的增长，将使税收收入增加 583 亿卢布。正负效应相抵，2001 年俄个税收入预计增长 161 亿卢布。

然而，俄罗斯个人所得税的实际收入情况远好于财政部预期。2001 年俄个税收入 2555 亿卢布，超出预计规模 34.3%，是 2000 年的 1.5 倍；扣除 18.6% 的通货膨胀（以下简称通胀）率，实际增长 28.1%，是居民实际收入增幅的 2.8 倍。随着收入规模扩大，个人所得税对俄罗斯宏观经济的影响力也逐步增强，个税收入占俄罗斯 GDP 的比重由 2000 年的 2.4% 上升到 2001 年的 2.9%，提高了近 20.8%（见表 3-3）。

税制改革后，单一税率使俄罗斯纳税人隐瞒收入的现象大为减少，个人所得税收入逐年快速提升。2001—2020 年，俄罗斯个人所得税收入连年快速增长，占 GDP 的比重由 2.86% 升至 3.98%，提高了 39.2%；同期，个人所得税占税收收入的比重由 6.5% 上升至 12.9%，累计扩大近 1 倍（见图 3-6）。

---

① Синельников - Мурылев С., Оценка результатов реформы подоходного налога в Российской Федерации. Научные труды ИЭПП. No. 52. М., 2003.

表 3-3　　　2000—2001 年俄罗斯个人所得税收入变化情况　　　单位：十亿卢布

指标	2000	2001
个人所得税收入	174.2	255.5（实际收入）
		190.3（预计收入）
个人所得税占 GDP 比重（%）	2.4	2.9（实际收入）
		2.5（预计收入）
个人所得税收入同比增幅（%）	9.0	28.1

资料来源：童伟等. 俄罗斯税制研究 [M]. 北京：经济科学出报社，2018.

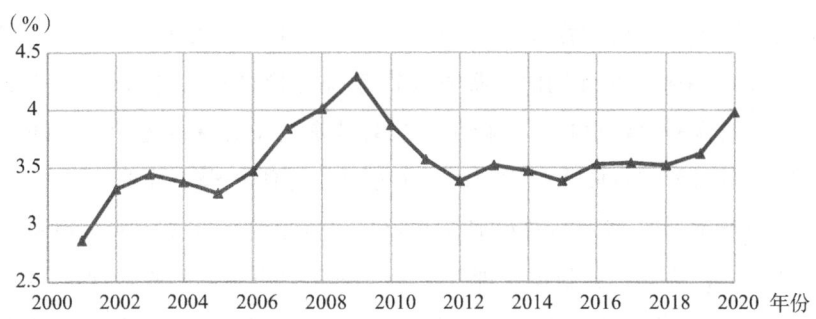

图 3-6　2001—2020 年俄罗斯个人所得税收入占 GDP 比重变化

资料来源：根据俄罗斯联邦财政部与俄罗斯联邦统计局公布数据计算。

（2）增进低收入群体社会福利

俄罗斯的个人所得税改革不仅未损害低收入群体的利益，反而增进了其社会福利。在改革之前，俄罗斯普通居民承担的实际税负是最低 12% 的个人所得税率与 1% 的社会保障（养老金）缴款。本着简化税制的原则，俄罗斯将针对普通居民所得课征的这两项税费合二为一，统一计征，此即为俄罗斯将个人所得税率统一设定为 13% 的缘由。由此，对于 90% 的低收入纳税人来说，单一税率并未加重其税收负担。

不仅如此，低收入群体的税收负担还因各项针对性极强的税收扣除，例如子女抚养扣除、教育支出扣除和医疗支出扣除的实施得以有效减轻。除此以外，简化税制更是为低收入纳税群体提供了实际优惠和便利，使其不再因请不起会计师或缺乏其他避税手段而遭受经济损失，带来了更为公平的分配结果。

2. 2021年个人所得税再次向累进税率转变

单一税率虽然在课征效率上有所作为，但无法掩盖自身一些严重缺陷，诸如削弱了个人所得税调节收入分配的作用，不利于解决俄罗斯目前广泛存在的收入差距过大的现实问题。这些不利因素的存在，使俄罗斯究竟选择何种方式课征个人所得税的争论持续不断。

俄罗斯财政部科研所所长高尔基曾极其尖锐地指出，所得税"已经变成了向富有阶层提供巨大优惠的机制"。俄联邦委员会主席米罗诺夫、俄联邦统计总署署长斯捷帕申、俄联邦税务总局前局长马克烈佐夫等人也强调，在世界经济危机大背景下，俄境内的"赤贫"人数在不断增加，超过俄总人口的14%。与此同时，福克斯富豪排行榜显示，身家超过10亿美元的俄罗斯富豪数量也在不断膨胀。社会贫富过于悬殊的差距，使通过累进制所得税课征实现收入二次分配，缩小贫富差距显得十分重要。

2020年6月，俄罗斯总统弗拉基米尔·普京建议在个人所得税单一税率的基础上，添加一档税率，即针对超过500万卢布的年收入课征15%的税率。同年10月，俄罗斯国家杜马通过了关于上调高收入人群个人所得税税率的提案，对于超过500万卢布的年收入按照15%的税率课征，这项措施于2021年1月1日起开始实施。

除此以外，近十年俄罗斯个人所得税的政策调整主要集中于税收减免，不断优化缴纳个人所得税的上报程序，以方便居民纳税，也在一定程度上减轻纳税人负担（见表3-4）。

表3-4　　　　俄罗斯个人所得税改革主要政策变化

时期	改革措施
2001—2011年	（1）取消三级超额累进税制，采用单一税率13%。此外，对特定收入和非俄罗斯联邦税收居民纳税人设置30%和35%两档税率，主要包括：①实行30%税率的收入包括股息收入和非俄罗斯联邦居民收入。②35%的税率适用于：从事博彩、赛马以及其他赌博活动收入；各种博彩、竞赛的中彩、奖金收入和广告收入等超过2000卢布以上的收入部分；从自愿性保险合同中获得的超过税法典有关规定的保险赔款；卢布或外币存款超过中央银行规定的再融资利率3/4或9%的外汇年利率的利息收入；超过存款再融资利率3/4的资产出租所得。

续表

时期	改革措施
2001—2011 年	（2）拓宽税基。将纳税人各种形式的收入（货币、实物和物质优惠）全部纳入课税范围，同时取消绝大部分税收优惠。 （3）提高起征点，由 3168 卢布提高到 4800 卢布。 （4）增设针对低收入人群的税收扣除：①标准扣除，月收入低于 2 万卢布的纳税人可享受标准扣除，第一档为每月扣除 3000 卢布，主要针对切尔诺贝利核污染及其他核辐射受害者、卫国战争中的残疾人等群体；第二档为每月扣除 500 卢布，主要针对苏联英雄、俄罗斯英雄、三级荣誉勋章获得者、国内战争和卫国战争的参加者、自幼残疾和一度、二度残疾人；第三档为每月扣除 400 卢布，适用于一般纳税人；第四档为子女抚养扣除，纳税人抚养的第一和第二个子女享受 1400 卢布/人的税收扣除；第三个及之后的子女享受 3000 卢布/人的税收扣除；如果 18 岁以下的儿童是残疾人，或全日制学生与实习生、或 24 岁以下的学生是一度、二度残疾人，可享受 3000 卢布/人的税收扣除；单亲家庭可享受双倍税收扣除。②社会扣除，主要包括教育支出扣除和医疗支出扣除，每年各项扣除不超过 2.5 万卢布。③财产扣除，纳税人出售拥有 3 年及以上的住房、公寓、土地等财产时，纳税人获得的上述财产增值收入可全部免税；出售拥有 3 年以内的不动产时，固定资产增值所得可享受 100 万卢布以内的税收扣除；出售拥有 1 年以内的不动产时，可享受不高于 12.5 万卢布的税收扣除。④职业技能类扣除、创作者、发明者的酬劳，不同行业按不同比率扣除
2012—2021 年	（1）取消第三档标准扣除的规定。 （2）提升第四档子女抚养的扣除标准，对于 18 岁以下的残疾儿童，或全日制学生与实习生、或 24 岁以下的学生是一度、二度残疾人，可享受 12000 卢布/人的税收扣除。 （3）对结转合伙企业的投资亏损实施税收减免。 （4）调整财产扣除条件：纳税人出售拥有 3 年以上的住宅、公寓、房间、别墅和地块，不再享受免税；纳税人短期内出售住房、公寓、土地等财产时，可享受 100 万卢布以内的税收扣除；出售其他不动产以及拥有 3 年内其他财产（证券除外）时，可享受 25 万卢布以内的税收扣除。 （5）确定纳税人财产扣除的最高数额为 200 万卢布。 （6）享受税收扣除的月收入上限由 25 万卢布提升至 35 万卢布。 （7）对于根据法院判决向纳税人偿还的收入，免征个人所得税。

续表

时期	改革措施
2012—2021 年	（8）2019 年，《俄罗斯联邦税法典》第 219 条删除了对政府药物清单的提及，这意味着由主治医生开具的、纳税人所购买的所有医用药物都可以享受税收扣除。 （9）改变个人所得税税率。①自 2021 年 1 月 1 日起，俄罗斯个人所得税添加 15% 税率，年收入为 500 万卢布以下的个人所得税为 13%，年收入超过 500 万卢布的个人所得税率为 15%。②仍对特定收入和非俄罗斯联邦税收居民纳税人设置 30% 和 35% 两档税率，但具体规定有所变动。适用于 30% 税率的收入为非俄罗斯联邦税收居民自然人的所有收入，但其中投资俄罗斯企业的股权分红依照 15% 的税率课征，且与创业活动无关的劳动所得与高级外国专家劳动所得按照 13% 税率课征。适用于 35% 税率的收入包括：各种博彩、竞赛的中彩、奖金收入和广告收入等超过 4000 卢布以上的收入部分；俄罗斯境内银行存款利息收入，纳税人获得的超限额贷款节省的利息，信用消费合作社（或股东）成员投资收入

资料来源：Налоговый кодекс Российской Федерации часть 2（НК РФ ч.2），http://www.consultant.ru/document/cons_doc_LAW_28165/；Федеральный закон "О внесении изменений в часть вторую Налогового кодекса Российской Федерации" от 23.11.2015 N 320 – ФЗ（последняя редакция）；Федеральный закон "О внесении изменений в часть вторую Налогового кодекса Российской Федерации" от 17.06.2019 N 147 – ФЗ（последняя редакция）.

四、俄罗斯联邦主体与地方政府税收改革重点

本部分着重讨论俄罗斯企业财产税与个人财产税的改革与发展。企业财产税属于地区税，个人财产税属于地方税，尽管二者的纳税人不同，但近年来的改革方向颇为相似，都围绕"地籍登记价值"进行。同时，俄罗斯各地正逐步建立地籍登记价值清单及详细分类课征标准，这种课税方式的改革将促进财产税与财产的市场价值挂钩，有利于加强对财产的课征与监管。

(一) 企业财产税改革主要内容

企业财产税为俄罗斯地区税,其收入上缴俄罗斯联邦主体预算。俄罗斯企业财产税也称"组织财产税",依照法律规定,其立法开征权属于联邦立法机构,但联邦主体立法机构享有在《税法典》规定的范围内设定税率、纳税程序、纳税期限、纳税申报形式以及税收优惠等方面的权力。

1. 企业财产税的课税对象与课税基础

俄罗斯企业财产税的纳税人包括俄罗斯企业与外国企业。对于俄罗斯企业来说,企业财产税课税对象为其拥有的固定资产不动产与动产,包括拥有所有权、使用权、处置权、托管权的临时转让财产,以及用于开展共同经营活动或依据特许协议获得的财产。对于外国企业来说,财产税课税对象分为两类,一类为在俄罗斯境内通过常设代表机构开展经营活动的外国企业,这类企业的课税对象与俄罗斯企业相同;另一类为在俄罗斯不通过常设代表机构开展经营活动的外国企业,其课税对象为在俄罗斯境内拥有所有权的不动产以及根据特许协议获得的财产。

俄罗斯企业财产税课税对象不包括下列财产:①土地及自然资源(水资源和其他自然资源);②俄罗斯联邦法律限定从事军事或类军事服务的联邦执行机构和联邦国家机关享有管理权限,专门用于国防、民防、安全保障、法律维护等方面事务的财产;③依照俄罗斯联邦法律程序认定的俄罗斯联邦国家级文化遗产(历史和文化古迹);④用于科研的核设施、核材料、放射性物质及废弃物储存设施;⑤破冰船、核动力船、核技术服务船;⑥航空载体;⑦在俄罗斯国际船舶登记簿上注册登记的船舶;⑧根据俄罗斯联邦政府批准的固定资产分类法计入第一或第二类折旧的固定资产。

俄罗斯企业财产税的课税基础为财产的平均年度价值。部分不动产的课税基础为纳税年度1月1日的地籍价值。当以平均年度价值为应纳税财产的课税基础时,在会计核算时需要考虑财产的剩余价值。如果财产剩余价值中含有用于未来开展资产评估所需费用,则该笔费用不计入剩余价值。如果固定资产未计提折旧,在课征财产税时该固定资产的价值为初始值与纳税期末会计核算的折旧提成额之间的差额。

此外,俄罗斯企业财产税的纳税期限为日历年度,税收报告期为第一季度、半年和9个月。

2. 企业财产税的改革重点

整体来看,俄罗斯对企业财产税的部分税率调整较为频繁。俄罗斯企业财产税的税率由各联邦主体法律确定,联邦主体可依据企业的活动类型实行差别税率,但最高不得超过《税法典》规定的2.2%。其中主要包括以下内容:①对于以地籍价值为税基的不动产,2020年以前《税法典》规定的税率不断上升,2020年后改为由各联邦主体自主确定,但不能超过2.2%;②俄罗斯对各联邦主体主干管道、输电线路以及上述设施不可或缺技术装备的财产税率设定了上限,且上限水平也在逐年递增,由2013年的0.4%增至2020年的2.2%;③各联邦主体公共铁路及其重要组成设施的财产税税率上限也在不断上升,2017年为1%,2020—2023年升至1.6%。

除税率以外,俄罗斯围绕地籍登记价值对企业财产税进行了相关调整。例如,2014年改变用于办公、商贸、餐饮场所的课税基础,由注册登记价值转变为地籍核算价值。2015年对矿产、天然气等相关企业财产税率进行调整,实施大型企业合并纳税,增加按地籍价值纳税的税收报告期。2016年对依照地籍缴纳企业财产税纳税人的变更予以补充等,详见表3-5。

表3-5　　　　　　　　俄罗斯企业财产税改革重点内容

年份	内容
2014年	1. 主干管道、输电线路以及上述设施不可或缺技术装备的财产税率上限提升至0.7%(之前为0.4%)。 2. 俄罗斯对用于办公、商贸、餐饮的场所,不再按照注册登记价值课税,转而以地籍核算价值课税。为此,俄罗斯要求各联邦主体全面开展不动产核查与登记,建立地籍价值登记清单。此后,俄罗斯有多个联邦主体先后开始建立不动产调查登记清单,确定各不动产的地籍价值及其在纳税年度之初的价值

续表

年份	内容
2015 年	1. 对于以地籍价值为税基的不动产，直辖市莫斯科境内的相关财产的税率调整为 1.7%（之前为 1.5%）；其他联邦主体境内的相关财产的税率调整为 1.5%（之前为 1%）。 2. 主干管道、输电线路以及上述设施不可或缺技术装备的财产税率上限提升至 1%。 3. 对地籍登记价值制定单独税率。 4. 超过 3 年未开采的矿产将不再视为课征对象。 5. 对天然气相关业务的企业财产税实行零税率。 6. 根据财产的不同运用方法确定税基。 7. 对于有独立分支机构且分别缴纳企业财产税的大型纳税人，其不动产可以统一到一个申报单中合并纳税。 8. 增加按地籍价值纳税的税收报告期为第一、第二和第三季度
2016 年	1. 对于以地籍价值为税基的不动产，全国范围内的相关财产课征税率均为 2%。 2. 主干管道、输电线路以及上述设施不可或缺技术装备的财产税率上限提升至 1.3%。 3. 俄罗斯对依照地籍缴纳企业财产税纳税人的变更予以了补充，即根据地籍登记价值核算的课税对象，在核算期内更换所有者，需按所有者实际持有财务的月份，按照一定系数折算地籍登记价值，并以每月 15 日为限，确定该财产的实际所有者
2017—2019 年	1. 主干管道、输电线路以及上述设施不可或缺技术装备的财产税率上限提升至 1.9%。 2. 对于公共铁路及其重要组成设施的财产税率上限提升至 1.3%（之前为 1%）
2020 年	1. 俄罗斯全国范围内以地籍价值为税基的不动产课征税率不超过 2%，具体税率由各联邦主体自主确定。 2. 主干管道、输电线路以及上述设施不可或缺技术装备的财产税率上限提升至 2.2%。 3. 2020—2023 年，对于公共铁路及其重要组成设施的财产税率上限提升至 1.6%。

续表

年份	内容
2020年	4. 在2020年之前,《税法典》规定克里米亚共和国和联邦直辖市塞瓦斯托波尔在依法确定财产税税率后的5个纳税年度内不得提高税率;2020年及之后,这一规定不再执行

资料来源:1. 童伟等. 俄罗斯税制研究 [M]. 北京:经济科学出版社,2018. 2. Налоговый кодекс Российской Федерации часть 2（НК РФ ч. 2）. http://www.consultant.ru/document/cons_doc_LAW_28165/.

（二）个人财产税改革主要内容

俄罗斯个人财产税属于地方税,在俄罗斯全境范围内课征。俄罗斯依照《税法典》第32章规定课征个人财产税。个人财产税的纳税人为在俄罗斯境内拥有财产的自然人,包括俄罗斯公民、外国公民（包括独联体国家公民）和无国籍人士。针对个人拥有的住房、公寓和房间、车库和车位、全套不动产、未完工建筑物、其他建筑物、私人辅助房屋（乡下别墅、果园）等财产征税,税收期限为一个日历年度。

俄罗斯个人财产税的税率由地方立法机关在《税法典》规定的范围内确定。2015年,俄罗斯对个人财产税的课税方式进行了较大幅度的调整。俄罗斯资产地籍登记局对俄罗斯各联邦主体拥有的房地产（包括私有的）进行了全面登记和评估。2015年1月1日后,俄罗斯就是在评估的基础上开始对个人财产税依照地籍登记价值课税的。莫斯科市和莫斯科州是最先实行按照地籍登记价值计算个人财产税的地区,莫斯科个人财产税税率如表3-6所示。依照地籍登记价值课税使俄罗斯个人财产税税基的测算与房产评估价值直接相关,如果一名自然人拥有多套房产,则以所有房产评估价值之和扣除免征额①作为税基来计算个人财产税。

---

① 通常情况下,房屋的免征额为:房间面积10平方米、公寓面积20平方米,单栋房屋面积50平方米,全套房屋地产100万卢布。

表 3-6　莫斯科地籍登记价值课征的个人财产税税率

地籍价值	税率（%）
1 千万卢布以下	0.1
1 千万—2 千万卢布	0.15
2 千万—5 千万卢布	0.2
5 千万—3 亿卢布	0.3
超过 3 亿卢布	2

资料来源：童伟等. 俄罗斯税制研究 [M]. 北京：经济科学出报社，2018.

在未全面转向地籍课征制前，俄罗斯还有部分个人财产税是依据存货价值确定课税对象的。在这种情况下，税率的高低取决于纳税人所拥有应税财产存货价值与平减指数之积求得的财产价值，即 20 万卢布以下的财产适用于 0.1% 的税率，30 万—50 万卢布的财产适用 0.1%—0.3% 的税率，50 万卢布以上的财产适用 0.3%—2% 的税率。直至 2021 年，《税法典》取消了依据存货价值计税的规定，个人财产税全部按照地籍价值课征①。

《税法典》明确指出，在依据地籍价值课税的情况下，①税率不得高于 0.1% 的财产包括：住宅、单元和房间，居住用未完工建筑物，包含独栋住宅的成套不动产，车库和车位，在私人土地、果园和花园中不超过 50 平方米的建筑物；②地籍登记价值超过 3 亿卢布的不动产税率不得高于 2%；③其他财产的税率不得高于 0.5%。此外，俄罗斯对个人财产税的课税还依据纳税人财产地籍登记价值、应税物种、纳税所在地、所在区域等因素实行差别税率②。

五、总结与启示

经过多年努力，俄罗斯对原有税收制度的改造已取得重大进展。在这

---

① "Налоговый кодекс Российской Федерации（часть вторая）" от 05.08.2000 N 117 – ФЗ（ред. от 26.03.2022）. http://www.consultant.ru/document/cons_doc_LAW_28165/3de6221d2f44e19974752cf8651984a48691ea36/.

② 童伟等. 俄罗斯税制研究 [M]. 北京：经济科学出报社，2018.

一过程中，俄罗斯始终以法律建设为税制改革提供根本保障，在以绝大多数纳税人利益为核心的同时，不断优化税收结构以增强财政收入可持续性。总结俄罗斯的做法对于完善我国税收制度改革具有一定启示。

（一）税制改革需重视法律体系建设

俄罗斯在宣告独立的几天后即颁布了与税收体制相关的系列法令，包括《俄罗斯联邦税收体制的基本原则法》《俄罗斯联邦增值税法》《俄罗斯联邦企业和组织利润税法》《俄罗斯联邦个人所得税法》等。1998年与2000年，俄罗斯颁布《税法典》第一部分和第二部分，至今仍不断修改完善，并越来越重视对税收立法中细节性问题的明确规定。对于每一次税率调整、征税条件或征税程序改变、以及开征新税种，相关内容都会体现在修订后的《税法典》中。俄罗斯法律体系的逐步完善为税制改革提供了保障，也为促进经济发展创造了良好环境。

（二）税制改革致力于在收入稳定与纳税负担之间实现平衡

俄罗斯通过简化税制、减少税种、下调税率、降低税负为主要内容的税制改革，实现了国家财政收入稳定增长，也减少了纳税人过重的税收压力和负担，从而改善和治理了税收环境。以个人所得税为例，21世纪初俄罗斯将个人所得税三级累进税率统一为13%的单一比例税率，降低了偷漏税的规模、拓宽了税基，也极大地促进了税收收入的提高。然而，单一税制不仅会削弱所得税的"自动稳定器"功能，也有违公平原则，不利于收入再分配的实现。鉴于此，俄罗斯于2021年针对高收入增加一档税率，单一税率再次向累进税率转变。与此同时，近年俄罗斯个人所得税改革还不断加大低收入群体的税收扣除与优惠力度，以减轻其税收负担。

（三）不断优化税收结构以增强财政收入可持续性

鉴于俄罗斯矿产资源较为丰富，因而联邦财政收入在很长时期都主要依赖于油气收入，其占财政收入的比重曾多年超过50%。为降低国际石油价格波动对联邦政府预算的负面冲击，俄罗斯致力于不断优化税收结构，通过对油气税收课征方式、课征税率等改革举措，降低油气收入占预算收入的比重，以保障俄罗斯税收收入的长期可持续性发展。2020年，俄罗斯油气收入在联邦财政收入中的占比为26.7%，达到近十年最低值；2021年石油价格回升，俄罗斯油气收入的比重随之上涨至35.8%，但仍处于近五年的低位。

在降低油气收入的同时，俄罗斯还提高了增值税税率。考虑到增值税收入受国际市场行情影响较小，因此，提高增值税税率将有助于俄罗斯摆脱对国际市场行情的依赖，以此优化税收收入结构。目前，增值税已成为联邦财政收入中占比最高的税种。

第四章 以促进公共服务均等化为目标的俄罗斯转移支付安排

转移支付是俄罗斯调节政府间财政关系的重要方式。俄罗斯构建转移支付制度的基本目标是设立一种客观、透明的转移支付机制,拉平各地区预算条件、促进财政能力均等化,保障基本公共服务的大致均等。本章从俄罗斯各级政府转移支付机制的建设入手,详细论述俄罗斯联邦中央政府、联邦主体政府与地方政府在转移支付模式、计算标准、转移支付收入权限等方面采取划分的理论依据及实际操作,并对俄罗斯各级政府间转移支付的规模、结构变化与补助事项进行探讨。研究结论发现,俄罗斯在不断优化转移支付结构的同时,进一步加大联邦统筹的力度,通过设立地区财政支持基金以及设置分类项目的支付形式,有效提升了转移支付的透明度与资金使用效益,这些做法对完善我国转移支付制度也有一定启示意义。

一、以实现财政能力均等化为核心的转移支付体系

俄罗斯联邦对联邦主体以及联邦主体对地方的转移支付,是在考虑各地社会经济、地理、气候等特点的基础上统一确定的,目的是为满足联邦主体资金需求的同时,促进地方最低保障水平均等化、确保地方财政资金的充足性。

(一) 联邦预算对联邦主体预算的转移支付

俄罗斯联邦预算对联邦主体预算提供财政援助的形式主要有：①提供一般性补助，实现联邦主体最低预算保障水平的均等化；②特殊补助；③对某些专门支出提供专项补助；④其他转移支付（见表4-1）。

表4-1　　　　　　　　　俄罗斯转移支付主要类型

类型	定义	实现方式
一般性补助（дотации）	无偿地、不需返还提供给其他级次预算，没有指定方向和限制条件，弥补经常性预算支出不足，拉平联邦主体间预算保障水平	联邦对联邦主体财政支持基金
特殊补助（субсидия）	在联邦主体国家机关完成联邦或共同支出责任时，联邦预算对联邦主体预算的配套拨款	联邦共同支出基金
专项补助（субвенция）	无偿、不需返还提供给其他级次预算或法人，用于保障按法律规定转移给联邦主体和地方预算的联邦支出责任的完成	联邦补偿基金
其他转移支付	用于为联邦主体和地方政府解决当地重要问题提供财政支持或预算拨款	联邦储备金、联邦公路基金等

资料来源：本表由本书作者归纳整理。

1. 平衡各联邦主体预算保障水平的一般性补助

俄罗斯政府间的一般性补助是指无偿地、不需返还地提供给联邦主体预算，以弥补其经常性支出不足的财政资金。一般性补助的具体规模依据联邦主体预算保障水平确定，在综合考虑联邦主体居民人数、社会经济、地理气候等对基本公共服务水平产生影响的基础上，通过对居民人均享有的税收基数进行测算得出。

俄罗斯用于均衡最低预算保障水平的转移支付属于一般性补助，通过联邦对联邦主体财政支持基金来实现。财政支持基金形成于1994年，以全国财力均等化为目标，按政府制定的统一方法和公式计算，使转移支付的透明度和可预测性有了一定程度的提高。一般性补助作为联邦政府预算草案的一部分提交国家杜马审查，在国家杜马二读时获得批准。

在计算某联邦主体是否可以获得一般性补助时，俄罗斯会对该联邦主体的预算保障水平进行评估,即对其税收能力系数和预算支出系数进行测算。当该联邦主体的预算保障水平高于全国平均预算保障水平[①]时,该联邦主体不可获得一般性转移支付,反之即可获得一般性转移支付。俄罗斯对于各联邦主体预算保障水平的测算,实际上反映了各联邦主体以自有收入弥补最低必要支出的程度。俄罗斯联邦对联邦主体财政支持基金分配方案的步骤如下:

(1) 明确联邦主体基本预算保障水平

$$БО_i = \frac{ИНП_i}{ИБР_i}$$

其中,$БО_i$ 是指联邦主体得到基金补贴前的预算保障水平,$БО_i \geq 1$ 的联邦主体不享受一般性转移支付;$ИНП_i$ 指俄罗斯联邦主体人均税收潜力指数;$ИБР_i$ 指俄罗斯联邦主体预算支出指数,即俄罗斯联邦主体为居民提供单位预算服务的人均支出与全国平均水平相比的指数。

(2) 确定各联邦主体应得的转移支付数额

俄罗斯联邦财政支持基金仅对预算保障水平低于全国平均预算保障水平的联邦主体发放。基金分两阶段按不同的预算保障标准划拨,$БО_i \geq 0.8$ 的联邦主体不能接受第一阶段的补贴。第一阶段的发放公式为:

$$T1_i = П \times A \times (K1 - БО_i) \times ИБР_i \times H_i$$

其中,$T1_i$ 指第一阶段基金补贴;П 为 0.85,指将联邦主体预算保障水平与预算保障平衡标准差距缩小 85%;A 指联邦主体人均税收收入;K1——60%,第一预算保障标准;H_i 指联邦主体常住居民人数。

第二阶段的基金补贴对象是第一阶段补贴后预算保障水平依然不到全国平均水平的联邦主体,其计算公式为:

$$T2_i = A \times [K2 - (\frac{T1_i}{ИБР_i \times H_i \times A} + БО_i)] \times ИБР_i \times H_i$$

其中,$T2_i$ 是指第二阶段的基金补贴数额;K2——100%,第二预算保障标准。

---

① 全国平均预算保障水平是指除去 10 个最高预算保障水平联邦主体、10 个最低预算保障水平联邦主体,其余联邦主体预算保障水平的平均值。

除此以外，俄罗斯联邦对联邦主体的转移支付还需参考由联邦政府确定的住房公用事业以及社会生活的支出标准，这类定额标准由俄罗斯国家建设委员会、财政部、经济发展部共同制定。

2. 用于完成联邦共同支出责任的特殊补助

特殊补助是由联邦预算支付给联邦主体预算和地方预算，用于补偿联邦主体国家机关履行本级支出责任以及与联邦共同管辖事务的支出责任，同时为地方自治机构提供解决本地问题的预算资金。获得特殊补助的联邦主体和地方政府的遴选标准和程序、补助的目标和条件，由联邦法律和联邦政府法规确定，政策期限不得低于3年。特殊补助在联邦主体和地方政府间的划分由联邦预算法和联邦政府相关法规确定。

俄罗斯联邦预算通过联邦共同支出基金对联邦主体和地方预算提供专项转移支付。联邦共同支出基金建于2002年，主要用于重大的社会性优先支出项目，如对教育、卫生、文化、社会保障、对居民的社会救助等进行拨款，各联邦主体在遵守一定规则的情况下，都可以从该基金中得到资助。

3. 为转移的支出责任提供专项补助

专项补助是俄罗斯联邦提供给联邦主体和地方预算，用于其履行联邦政府授权支出责任的财政资金。俄罗斯联邦提供专项补助的方法由联邦法律、联邦政府相关法规和总统令确定。专项补助作为联邦政府预算草案的一部分提交国家杜马审查，在国家杜马二读时获得批准。

专项补助是按照统一的方法，依据联邦主体居民人数、相应公共服务需求人数，履行相应支出责任的预算拨款标准，以及影响联邦主体和地方政府提供该公共服务成本的客观条件等因素确定的。俄罗斯联邦预算通过联邦补偿基金对联邦主体和地方政府提供专项补助。联邦补偿基金建于2001年，基金来源于增值税收入的15%。补偿基金以专项补助的方式划拨给联邦主体，用于联邦委托项目支出，以保障各地区居民都能享有基本同质的社会公共服务。补偿基金主要用于联邦主体和地方在以下方面的支出：有子女公民国家补贴、俄罗斯联邦残疾人社会保障、政治迫害平反补贴、受核辐射影响公民社会保障等。

4. 用于解决重要问题的其他转移支付

在俄罗斯联邦法律或联邦政府规范性法令有所规定的情况下，联邦预算可以向联邦主体提供其他类型的转移支付。其他转移支付主要用于为联邦主体和地方政府解决当地重要问题提供财政支持，包括医疗、教育、公路基础设施、农业等项目。俄罗斯联邦向各联邦主体提供的其他转移支付须签订相关协议，内容根据俄罗斯联邦财政部核定的标准拟定，包含协议更改、协议终止等相关事项。

（二）联邦主体对地方的转移支付

俄罗斯联邦主体对地方的补贴金额由联邦主体的预算法案规定，用于地方政府解决重要问题产生的支出需求，并弥补财政赤字及预算收入的不足。

1. 联邦主体需明确对地方预算的补贴目标

根据《俄罗斯联邦预算法典》的规定，联邦主体应批准至少为期三年的地方预算支出清单，以明确对地方转移支付的目标并提高支出效率。俄罗斯联邦主体国家权力机关在向地方预算提供财政援助时，享受如下权力：①联邦主体政府授权机关有权对获取财政援助的地方预算进行检查；②政府财政监督机关或联邦主体监督机关可以检查地方预算，联邦主体监督机关的结论要在联邦主体立法机关审查联邦主体预算法草案时宣布；③联邦主体国家权力机关有权对地方预算转移支付资金的使用情况进行监督。

2. 通过设立区域基金为均等化补贴提供资金

俄罗斯联邦主体可以用多种方式向地方预算提供财政援助，例如：从设立于联邦主体预算的地方财政支持基金中提供财政援助，用于保障地方预算最低支出水平均等化，以满足最低社会拨款所需资金的充足性；对某些专项支出提供专项补助；向地方预算提供预算借款，以弥补地方预算执行过程中产生的季节性资金缺口。

《俄罗斯联邦预算法典》规定，俄罗斯联邦主体为地方预算提供均等化补贴，用于平衡地方政府财政水平。为此，俄罗斯设立了区域基金，为地方的均等化补贴提供资金。均等化补贴的金额由俄罗斯联邦主体三年中期预算法案批准,并根据地方政府的财政能力与需求确定。在评估地方的财政能力时,俄罗斯联邦主体将考虑该地区的经济发展水平、居民收入与纳税情况、气候及地理位置等因素,基于统一的方法与标准综合判断这些因素将会对地方机构服务成本产生的影响。

俄罗斯联邦主体对地方的均等化补贴,可以全部或部分以个人所得税附加扣除的形式提供,前提是需要通过地方代表机构的同意,并将其反映在联邦主体预算中。规范个人所得税附加扣除的文件具有中长期效应,应在三年内保持稳定,不得随意在财政年度内改变地方预算的扣除规定。

二、俄罗斯联邦对联邦主体的转移支付不断扩大

近年,俄罗斯联邦对联邦主体的转移支付规模不断扩大,联邦主体转移支付收入占总收入的比重也逐年递增。其中,一般性补助是俄罗斯转移支付的主要形式,其次是特殊补助。2020年,一般性补助占转移支付总额比重为35.3%,特殊补助为27.3%。

(一)转移支付规模逐年递增

近年,俄罗斯联邦政府对地方的转移支付呈逐年递增的态势。2017—2020年,俄罗斯联邦制主体转移支付收入由16900亿卢布上升至36984亿卢布,累计扩大1.2倍,年均增长率达30.1%。2020年,疫情冲击、全球形势复杂化、经济波动等一系列因素使俄罗斯政府进一步加大转移支付力度,联邦主体转移支付收入急速上升至36984亿卢布,同比增长54.9%。

与此同时,联邦主体转移支付收入占财政收入的比重也有所提高。2017年,俄罗斯联邦主体转移支付占财政总收入的比重为15.7%,2018年上升至16.5%,2019年再升至17.6%,至2020年底,这一比值达24.8%,相比于2017年增加了9个百分点(见图4-1)。

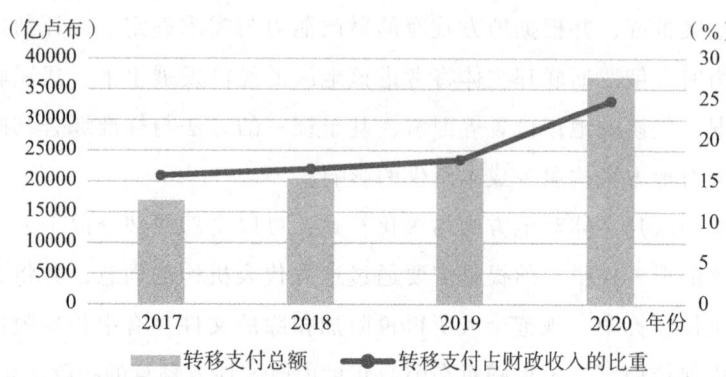

图 4-1　2017—2020 年俄罗斯联邦主体转移支付收入规模

资料来源：俄罗斯联邦财政部官方网站，https://minfin.gov.ru/ru/.

（二）转移支付结构逐渐发生转变

纵观近年俄罗斯转移支付结构的变化，可以发现两个突出特征：一是联邦主体转移支付的主要资金来源是一般性补助；二是特殊补贴与专项补贴的规模快速上升，一般性补助的比重有逐渐下降的趋势。

1. 一般性补助比例下降，但仍是转移支付主要形式

在俄罗斯联邦制主体转移支付收入中，一般性补助的占比最高，其次是特殊补助，再次是专项补助。2017 年，俄罗斯联邦政府对联邦主体的一般性补助为 7590 亿卢布，在转移支付总额中的比重为 44.9%，2018 年该比值达到高峰 50.6%，此后开始下降。至 2020 年，一般性补助为 13037 亿卢布，占转移支付总额的比重为 35.3%，相比于 2017 年减少了近 10 个百分点。2017—2020 年，俄罗斯特殊补助由 4198 亿卢布上升至 10115 亿卢布，在转移支付总额中的比重随之由 24.8% 升至 27.3%，增加了 2.5 个百分点；同期，专项补助的占比呈缓慢下降的态势，由 19.3% 降至 16.4%，减少了 2.9 个百分点（见表 4-2）。整体来看，尽管 2018 年后一般性补助的比重有所下滑，但其仍是俄罗斯联邦主体转移支付的主要来源。

表4-2　　　　　俄罗斯联邦主体转移支付收入结构　　　　单位：亿卢布

年份	2017	2018	2019	2020
转移支付总额	16900	20448	23872	36984
一般性补助	7590	10355	9240	13037
比重（%）	44.9	50.6	38.7	35.3
特殊补助	4198	3818	5566	10115
比重（%）	24.8	18.7	23.3	27.3
专项补助	3261	3317	3966	6062
比重（%）	19.3	16.2	16.6	16.4
其他转移支付	1851	2958	5100	7770
比重（%）	11	14.5	21.4	21

资料来源：俄罗斯联邦财政部官方网站，https://minfin.gov.ru/ru/.

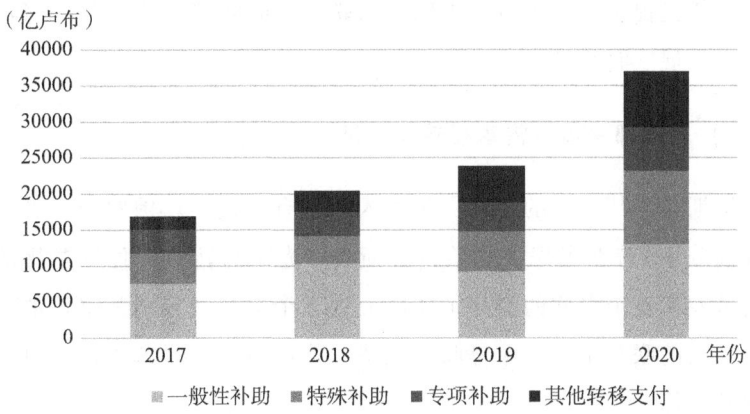

图4-2　2017—2020年俄罗斯联邦主体转移支付收入结构

资料来源：俄罗斯联邦财政部官方网站，https://minfin.gov.ru/ru/.

2. 特殊补助与专项补助规模迅速上升

近年，俄罗斯联邦对联邦主体的特殊补助与专项补助的规模迅速上涨，增速超过一般性补助。2018—2020年，一般性补助由10355亿卢布上升至13037亿卢布，累计增长25.9%，年均增长率为22.3%；特殊补助由3818亿卢布增加至10115亿卢布，累计扩大1.6倍，年均增长率达39.5%，高于一般性补助17.2个百分点；专项补助由3317亿卢布上升至6062亿卢布，累计增长82.8%，年均增长率为24.7%，高于一般性补助

2.4 个百分点。由此可见，俄罗斯联邦主体特殊补助与专项补助的增速远高于一般性补助，特殊补助的比重不断接近一般性补助的水平，转移支付结构逐渐开始发生转变。

3. 其他转移支付明显增加

俄罗斯联邦向联邦主体提供的其他转移支付也在逐年递增。2020 年，俄罗斯联邦主体的其他转移支付收入 7770 亿卢布，同比增长 52.4%，相比于 2017 年累计扩大了 3 倍；同年，其他转移支付的比重为 21%，高于专项补助 4.6 个百分点。俄罗斯其他转移支付项目主要包括以下领域：向肿瘤患者提供医疗基础设施与服务；为联邦主体实施国家项目"安全高质量的公路"提供财政支持；偿还农业一体化项目的贷款利息；向教育机构的老师与管理人员发放薪酬等；为加里宁格勒州经济特区内从事经营活动的法人及侨民提供财政支持；帮助远东联邦区的联邦主体实现"经济增长中心社会发展"计划等。

（三）各联邦主体按需享受转移支付

俄罗斯各联邦主体的转移支付收入水平有所差异。俄罗斯学者祖巴列维奇和高丽娜[①]曾在考虑人均收入、债务、赤字与转移支付等指标的基础上，将俄罗斯复杂多样的联邦主体区分为五个类型，分别为富裕的联邦主体、较富裕的联邦主体、中等联邦主体、违约破产类联邦主体、以及高补贴的联邦主体。

富裕的联邦主体预算收支最为平衡，债务问题很小、无赤字或赤字规模很低；较富裕的联邦主体债务负担较小，其中 1/3 的地区赤字规模较大；中等联邦主体债务负担超过所有联邦主体的平均水平，预算赤字平均偏高；违约破产类联邦主体债务普遍较高，尽管俄罗斯不允许地区破产，但这些地区符合破产的特征；高补贴联邦主体经济能力薄弱，预算收入主要

---

① Зубаревич Н. В., Горина Е. А. Социальные расходы в России: федеральный и региональные бюджеты. Москва: национальный исследовательский университет высшая школа экономики, 2015. (祖巴列维奇，高丽娜. 俄罗斯联邦的社会支出：联邦和地区预算. 俄罗斯国立高等经济大学，2015 年)

依赖联邦政府的转移支付①。

整体来看,对于经济形势良好的联邦主体,俄罗斯联邦提供的转移支付以特殊补助与专项补助为主,一般性补助相对较少;而对于发展较困难、财政状况较差的联邦主体,其转移支付收入则以一般性补助为主,且困难程度越高,一般性补助占总收入的比重越大(见表4-3)。

表4-3 俄罗斯联邦主体转移支付占主体总收入比重 单位:%

	2014年	2020年			
			其中:		
	转移支付总额比重	转移支付总额比重	一般性补助比重	特殊补助比重	专项补助及其他转移支付比重
第一类:富裕的联邦主体					
萨哈林州	5	5.2	0.1	1.0	4.0
莫斯科市	2	2.7	0.03	0.009	2.7
秋明州	4	7.1	0.5	1.2	5.4
亚马尔-涅涅茨自治区	17	6.7	0.1	0.1	6.4
圣彼得堡市	7	6.6	0.9	0.6	5.1
涅涅茨自治区	23	26.0	1.5	4.1	20.4
汉特-曼西斯克自治区	4	7.1	0.3	0.8	6
莫斯科州	11	10.7	1.9	2.1	6.7
列宁格勒州	11	9.6	1.1	2.9	5.6
第二类:较富裕的联邦主体					
阿尔泰边疆区	42	47.1	25.4	10.8	10.9
彼尔姆边疆区	16	24.5	9.3	6.1	9.1
伊尔库茨克州	15	24.4	5.6	8.1	10.8
弗拉基米尔州	23	29.1	11.5	7.8	9.9
滨海边疆区	22	26.5	10.5	7.1	9.0
罗斯托夫州	23	26.9	11.2	6.4	9.3

---

① Зубаревич Н. В.; Горина Е. А. Социальные расходы в России: федеральный и региональные бюджеты. Москва: национальный исследовательский университет высшая школа экономики, 2015.

续表

	2014 年	2020 年			
			其中：		
	转移支付总额比重	转移支付总额比重	一般性补助比重	特殊补助比重	专项补助及其他转移支付比重
巴什科尔托斯坦共和国	20	34.1	15.1	8.2	10.7
车里雅宾斯克州	18	26.2	9.5	6.1	10.7
库尔斯克州	25	28.4	8.8	6.6	13.0
斯维尔德洛夫斯克州	10	19.3	4.7	4.9	9.8
图拉州	16	22.3	6.7	4.5	11.1
萨哈共和国（雅库特）	41	34.8	23.2	6.0	5.7
第三类：中等联邦主体					
a. 人口密集地带					
库尔干州	41	52.0	29.4	12.1	10.5
奥伦堡州	19	31.3	11.0	6.9	13.3
阿迪格共和国	42	55.8	19.4	21.8	14.6
新西伯利亚州	16	28.4	7.9	8.8	11.7
斯塔夫罗波尔边疆区	32	44.8	22.1	12.0	10.6
萨马拉州	14	21.6	3.2	6.0	12.4
楚瓦什共和国	35	47.4	22.8	11.6	12.9
坦波夫州	48	46.4	22.9	12.0	11.4
利佩茨克州	19	25.3	6.5	8.8	10.0
布良斯克州	44	53.8	21.8	11.3	20.7
克麦罗沃州	17	27.1	9.8	6.9	10.4
沃罗涅日州	23	28.0	8.0	9.0	10.9
伊万诺夫州	39	50.4	26.3	10.9	13.3
雅罗斯拉夫尔州	11	22.8	5.9	8.1	8.8
下诺夫哥罗德州	17	22.8	6.3	7.3	9.2
乌里扬诺夫州	25	29.1	10.7	7.4	11.0
特维尔州	18	24.4	9.2	7.0	8.3
鄂木斯克州	23	32.8	13.0	8.0	11.7
卡卢加州	15	24.9	3.2	6.6	15.0

续表

	2014年	2020年			
	转移支付总额比重	转移支付总额比重	其中：		
			一般性补助比重	特殊补助比重	专项补助及其他转移支付比重
鞑靼斯坦共和国	14	21.7	6.2	5.4	10.1
伏尔加格勒州	22	32.8	11.1	10.6	11.1
加里宁格勒州	35	55.8	3.8	8.5	43.5
b. 人口稀少地带					
堪察加边疆区	63	55.1	44.5	5.3	5.3
哈巴罗夫斯克边疆区	25	30.1	9.5	7.9	12.7
摩尔曼斯克州	14	13.5	3.9	4.5	5.1
布里亚特共和国	52	58.5	30.9	13.5	14.0
托木斯克州	20	31.3	13.7	7.2	10.4
克拉斯诺亚尔斯克边疆区	17	15.5	3.6	4.4	7.5
科米共和国	11	22.3	7.6	5.2	9.5
马加丹州	42	24.4	10.6	7.7	6.2
犹太自治州	49	56.4	32.8	8.7	15.0
阿尔汉格尔斯克州	23	35.8	16.6	9.1	10.1
哈卡斯共和国	33	42.7	19.1	12.1	11.5
第四类：违约破产类联邦主体*					
奥廖尔州	38	42.9	19.2	9.7	14.0
外贝加尔边疆区	37	45.6	20.3	10.4	14.9
基洛夫州	33	44.4	22.2	8.9	13.3
普斯科夫州	41	43.4	14.4	14.6	14.4
马里埃尔共和国	43	50.8	22.8	15.3	12.7
诺夫格罗德州	19	35.7	10.0	11.4	14.3
梁赞州	23	29.7	10.2	9.2	10.3
克拉斯诺达尔边疆区	14	23.2	8.8	6.0	8.5
阿穆尔州	31	29.9	5.7	6.9	17.3
沃洛格达州	18	29.1	7.7	8.3	13.1
别尔哥罗德州	30	25.3	5.5	8.5	11.2

续表

	2014 年	2020 年			
	转移支付总额比重	转移支付总额比重	其中:		
			一般性补助比重	特殊补助比重	专项补助及其他转移支付比重
奔萨州	37	42.4	18.9	9.0	14.5
阿斯特拉罕州	18	31.9	12.8	9.0	10.2
乌德穆尔特共和国	20	33.7	13.7	9.1	10.9
萨拉托夫州	24	39.5	17.1	11.4	11.0
卡累利阿共和国	34	45.2	23.6	10.2	11.3
科斯特罗马州	27	39.7	19.0	10.6	10.1
斯摩棱斯克州	25	28.2	9.1	9.1	10.1
莫尔多瓦共和国	30	42.1	14.8	12.2	15.1
楚科奇自治区	49	35.1	24.3	5.2	5.6
第五类：高补贴联邦主体					
卡尔梅克共和国	53	56.3	25.4	18.9	12.1
车臣共和国	82	84.4	43.4	20.7	20.3
图瓦共和国	78	82.9	45.7	13.1	24.1
卡巴尔达-巴尔卡尔共和国	54	69.1	32.4	23.6	13.1
达吉斯坦共和国	70	74.3	49.3	12.8	12.2
阿尔泰共和国	78	68.4	40.6	16.4	11.4
卡拉哈伊-切尔克斯共和国	65	73.1	34.1	27.1	11.9
印古什共和国	87	86.1	41.2	24.7	20.2
北奥塞梯共和国	57	61.7	28.7	17.2	15.8

注：* 鉴于俄罗斯不允许地区破产，因此违约破产类联邦主体仅指其债务普遍较高，符合破产的特征。

资料来源：1. Зубаревич Н. В., Горина Е. А. Социальныерасходыв России: федеральный ирегиональныебюджеты. Москва: национальный исследовательский университет высшая школа экономики, 2015; 2. 俄罗斯联邦财政部官方网站, https://minfin.gov.ru/ru/perfomance/regions/monitoring_results/analysis/?id_57 = 132118 - dannye_ob_ispolnenii_konsolidirovannykh_byudzhetov_sub ektov_rossiiskoi_federatsii_na_1_noyabrya_2020_goda.

1. 第一类：富裕的联邦主体

第一类联邦主体属于富裕地区，9个联邦主体享有较高的人均收入、较低的债务以及较少的预算补助。其中，莫斯科市和圣彼得堡市是直属联邦的中央直辖市，莫斯科州和列宁格勒州则是享受两大直辖市经济辐射范围内的卫星城市的都市带，已经构成典型的发达城市集群地区。除此以外，产油地秋明州、萨哈林州以及涅涅茨自治区等，几乎全部属于能源禀赋相当高的地区。以上联邦主体一直是联邦经济环节中发展较稳定、贡献较大的地区，人均GDP连续多年处于相对高位。

对于俄罗斯富裕的联邦主体，转移支付收入的比重较少，且在近年略有下降。2020年，俄罗斯富裕的联邦主体转移支付收入占总收入的比重为9.3%，与2014年相比减少0.2个百分点。在这类联邦主体中，亚马尔－涅涅茨自治区、圣彼得堡市、莫斯科州与列宁格勒州的转移支付收入占比均有不同幅度的下滑，其中亚马尔－涅涅茨自治区的转移支付收入降低幅度最大，2014—2020年的转移支付收入占比由17%降至6.7%，减少了10.3个百分点。

富裕的联邦主体转移支付收入以专项补助及其他转移支付为主，一般性补助与特殊补助的比重较低。2020年，其专项补助及其他转移支付占主体总收入的比重平均为7.2%，特殊补助的比重为1.4%，一般性补助仅为0.7%。

2. 第二类：较富裕的联邦主体

第二个类别是较富裕的联邦主体，相较第一层级，预算保障偏低、转移支付收入较高。对于较富裕的联邦主体，转移支付收入占比呈上升态势。2020年，这一类联邦主体转移支付收入占比平均为28.6%，相比于2014年增加6个百分点。在较富裕的联邦主体中，只有萨哈共和国（雅库特）的转移支付占比有所下降，其他联邦主体的转移支付占比均有不同程度的提升。

对于较富裕的联邦主体，一般性补助的比重有所提升，与其他形式转移支付的比重相当。2020年，较富裕的联邦主体一般性补助的比重为11.8%，特殊补助为6.9%，专项补助及其他转移支付的比重为10%。

3. 第三类：中等联邦主体

第三个类别是中等联邦主体，其预算保障普遍较低，转移支付收入占比普遍高于第二个类别。其中，部分中等联邦主体处于农业气候较好的黑土区域以及南部地区。

俄罗斯中等联邦主体包含人口密集地带与人口稀少地带两类，相比较而言，人口密集地带的联邦主体收入占比在近几年的增长幅度较大。2020年，人口密集联邦主体转移支付占比平均为35.4%，相比于2014年增加了9.5个百分点，除坦波夫州以外，其他联邦主体的转移支付收入占比均有所上升。同期，人口稀少联邦主体转移支付占比平均为35.1%，相比于2014年仅增长3.4个百分点；其中，堪察加边疆区、摩尔曼斯克州、克拉斯诺亚尔斯克边疆区与马加丹州的转移支付收入占比大幅下降，马加丹州的下降幅度高达17.6个百分点。

一般性补助是中等联邦主体转移支付收入的主要形式，其占主体总收入的比重高于前两类联邦主体。2020年，中等联邦主体的一般性补助所占比重平均为14.3%；特殊补助为8.9%，低于一般性补助5.4个百分点；专项补助及其他转移支付为12.1%，低于一般性补助2.2个百分点。

4. 第四类：违约破产类联邦主体

第四类是违约破产类联邦主体，这类联邦主体的债务水平普遍较高，预算赤字也较大。不过，其中的克拉斯诺达尔边疆区较为特殊，因其举办奥运会、大运会等大型活动，在吸引投资者、政策制定等方面都具有较大优势①。

2020年，俄罗斯违约破产类联邦主体的转移支付收入占总收入的比重平均为36.9%，相比于2014年增加了7.3个百分点。在违约破产类联邦主体中，近85%的联邦主体转移支付收入水平有所上涨，阿穆尔州、别尔格罗德州等少数联邦主体转移支付收入出现下降。违约破产类联邦主体的转移支付收入结构与中等联邦主体相近，一般性补助是主要形式，且略高于特殊补助与专项补助等其他形式。

---

① 北京大学国家治理研究院. 中国和前苏联（俄罗斯）央地事权关系比较研究. 2018.

5. 第五类：高补贴联邦主体

第五类是高补贴联邦主体，属于这一层级的联邦主体全部为联邦共和国。在这类联邦主体中，很多地区的经济状况仍未恢复到苏联时期的发展水平，主要分布在北高加索地区和西伯利亚区域南部，包括阿尔泰共和国、图瓦共和国等发展薄弱地区，这部分联邦主体目前主要依赖联邦中央的帮助和优待维持财政平衡。

相比于前四类联邦主体，俄罗斯高补贴联邦主体的转移支付收入占绝对比重，2020年平均值达72.9%，是违约破产类联邦主体的2倍。其中，印古什共和国、车臣共和国、图瓦共和国的转移支付收入占比高于80%，前两者分别为84.4%、82.9%；达吉斯坦共和国、卡拉哈伊-切尔克斯共和国、卡巴尔达-巴尔卡尔共和国、北奥塞梯共和国的转移支付收入占比均高于60%。

在高补贴联邦主体的转移支付收入中，一般性补助的比重最高，且远高于特殊补助与专项补助。2020年，高补贴联邦主体的一般性补助所占比重平均高达37.9%，高于特殊补助18个百分点，高于专项补助及其他转移支付22个百分点。

三、联邦主体对地方的转移支付更加聚焦民生保障

对于不同发展水平的联邦主体，其对地方转移支付的侧重项目与规模存在差异。本部分选取莫斯科州、涅涅茨自治区、阿尔泰边疆区、加里宁格勒州、马里埃尔共和国与车臣共和国这六个联邦主体，探索其对地方的转移支付情况。这些联邦主体分别类属于以上五个层级，且接受联邦中央的转移支付水平均较高。其中，莫斯科州属于俄罗斯的中心经济区；涅涅茨自治区的能源产业较为发达，拥有俄罗斯的石油、天然气开发基地。

对于俄罗斯众多联邦主体，所选样本虽无法完全反映各联邦主体对地方的转移支付情况，但本部分期望通过挖掘代表性联邦主体的相关数据，探索俄罗斯联邦主体对地方转移支付的侧重领域及其规模。整体来看，俄

罗斯联邦主体对地方的转移支付集中于住房和公用事业、教育等领域，少数联邦主体在环保领域对地方财政也给予较大支持。

（一）联邦主体对地方的住房和公用事业补贴普遍较高

在住房和公用事业支出中，所选联邦主体对地方转移支付的比重最高可达95.9%，最低为11.4%。俄罗斯联邦主体对地方住房和公用事业的补贴主要包含住房建设、公用事业发展与环境美化，但不同的联邦主体的侧重点有所差异。在住房和公用事业支出中，以对地方补贴较高的马里埃尔共和国和阿尔泰边疆区为例：马里埃尔共和国对地方的转移支付主要集中于公用事业发展，比重为66.8%，其次是住房建设19.2%，再次是环境美化9.7%；阿尔泰边疆区对地方的转移支付也集中于公用事业发展，占该项目转移支付总额的44.6%，其次则是环境美化18.6%，再次是住房建设12.2%。

（二）教育是联邦主体对地方的重要支持项目

除住房和公用事业外，教育也是俄罗斯联邦主体对地方的重要补贴项目。在所选的联邦主体中，仅亚马尔－涅涅茨自治区对地方的教育补贴较少，其他联邦主体都体现出较高的补贴水平。其中，莫斯科州与加里宁格勒州分别高达83.4%、83.1%，马里埃尔共和国、阿尔泰边疆区与车臣共和国分别为72.5%、69.4%、55.5%。

俄罗斯联邦主体对地方教育的转移支付主要集中于普通教育，其次是学龄前教育。对于所选联邦主体，普通教育转移支付在该项转移支付中的比重平均为54.8%，学龄前教育平均为31.5%，仅二者的比重就高达86.3%。

（三）少数联邦主体对地方环保的支持力度也较大

马里埃尔共和国对地方环保的转移支付高达环保总支出的89.5%，莫斯科州为47.8%，两个地区对环保的转移支付均通过特殊补助的方式，补助资金主要用于废物、废水的采集和处理（见表4-4）。

表 4-4　2020年俄罗斯联邦主体对地方转移支付项目及比重

联邦主体名称		莫斯科州	涅涅茨自治区	阿尔泰边疆区	加里宁格勒州	马里埃尔共和国	车臣共和国
住房和公用事业	比重(%)	46	11.4	75.4	72.3	95.9	16.7
	具体项目(补助方式*)	住房建设(特、其他);公用事业发展(特、其他);环境美化(特、其他);其他住房和公用事业支出(专)	住房建设(特);公用事业发展(特);环境美化(特)	住房建设(特);公用事业发展(特);环境美化(特)	住房建设(特、其他);公用事业发展(特、其他);环境美化(特、其他);其他住房和公用事业支出(特、其他)	住房建设(特、其他);公用事业发展(特、专、其他);环境美化(特、其他);其他住房和公用事业支出(特、专、其他)	住房建设(特);环境美化(特)
教育	比重(%)	83.4	0.1	69.4	83.1	72.5	55.5
	具体项目(补助方式*)	学龄前教育(特、专、其他);普通教育(特、专、其他);初等职业教育(特、专、其他);高等职业教育和大学后继续教育(专);青少年政策和儿童健康(专);其他教育支出(特、其他)	其他教育支出(专)	学龄前教育(特、专);普通教育(特、专、其他);初等职业教育(特、专、其他);青少年政策和儿童健康(特、其他);其他教育支出(特、专、其他)	学龄前教育(特、专);普通教育(特、专、其他);初等职业教育(特、专);青少年政策和儿童健康(专)	学龄前教育(特、专、其他);普通教育(特、专、其他);初等职业教育(特、专、其他);其他教育支出(专)	学龄前教育(专、其他);普通教育(专、其他);初等职业教育(特、其他);其他教育支出(专)
环保	比重(%)	47.8	—	—	—	89.5	—
	具体项目(补助方式*)	废物、废水的采集和处理(特、其他);其他环保支出(特、其他)	—	废物、废水的采集和处理(特、其他)	—		—

续表

联邦主体名称		莫斯科州	涅涅茨自治区	阿尔泰边疆区	加里宁格勒州	马里埃尔共和国	车臣共和国
文化和电影	比重（%）	32.2	—	19.9	15.1	3.5	13.8
	具体项目（补助方式）	文化项目（特,其他）	—				
国民经济	比重（%）	8.2	0.2	9.4	6.4	21.6	21.1
	具体项目（补助方式）	发展农业和渔业（专,其他）；保护水资源（特）；发展交通道路（特、其他）；发展通讯和信息（特）；其他国民经济支出（专,特）	发展道路（特,其他）	发展农业和渔业（专,特）；保护水资源（专,特）；发展道路（专,特）；其他国民经济支出（特）	解决一般性经济问题（专）；发展农业和渔业（专）；发展交通道路（专,特）；发展道路（特,其他）；其他国民经济支出（特,其他）	发展农业和渔业（专）；保护水资源（特）；发展道路（特,其他）；其他国民经济支出（专,特,其他）	发展道路（特,其他）
国家安全和法律维护	比重（%）	0.5	1	—	—	9.1	11.4
	具体项目（补助方式）	保护居民及国家免受自然及人为灾害事件影响（专）；其他国家安全和法律维护支出（特）				司法机构（专,其他）	保护居民及国家免受自然及人为灾害事件影响（其他）
医疗卫生	比重（%）	10.3	1	1.5	16.2	6.1	2.3
	具体项目（补助方式）	门诊医疗（其他）；其他医疗卫生支出（转入地区强制性医疗保险基金预算）					

续表

联邦主体名称		莫斯科州	涅涅茨自治区	阿尔泰边疆区	加里宁格勒州	马里埃尔共和国	车臣共和国
体育	比重(%)	15.4	—	12.6	13.1	2.1	—
	具体项目（补助方式）	一般体育项目（特）；群体竞技项目（特、其他）；高级体育项目（特、其他）	—	一般体育项目（特）；群体竞技项目（特）；高级体育项目（特）	群体竞技项目（特）；高级体育项目（特）	一般体育项目（特）；高级体育项目（特、其他）	—
社会政策	比重(%)	5.7	0.7	4.3	3.9	6.2	1.3
	具体项目（补助方式）	养老保障（转入地区基金预算）；给居民的社会保障（特、专、其他）；家庭和儿童保护（特、专、其他）；其他社会政策支出（其他）	养老保障（转入地区强制性养老保险基金预算）；给居民的社会保障（专）；家庭和儿童保护（专）；其他社会政策支出（特）	养老保障（转入地区强制性养老保险基金预算）；给居民的社会保障（专、特）；家庭和儿童保护（专）；其他社会政策支出（专）	养老保障（转入地区强制性养老保险基金预算）；给居民的社会服务（专）；给居民的社会保障（专、特）；家庭和儿童保护（专、特）；其他社会政策支出（专）	给居民的社会保障（特、转入地区强制性养老保险基金预算）；家庭和儿童保护（特、专）	养老保障（转入地区强制性养老保险基金预算）；家庭和儿童保护（特、专）；其他社会政策支出（专）

备注：1. 上表中的数据为联邦主体对地方在该领域的转移支付与该项总支出的比重；

2. *补助方式涉及特殊补助、专项补助及其他转移支付，表中此三种方式分别简称"特"、"专"与"其他"。

资料来源：俄罗斯联邦国库局网站，https：//roskazna.gov.ru/ispolnenie‐byudzhetov‐konsolidirovannyi‐byudzhet/.

四、总结与启示

俄罗斯政府间转移支付制度与俄罗斯国情相适应,在平衡各地财力差距和促进公共服务均等化方面发挥了积极作用。总结俄罗斯的做法对于完善我国政府间转移支付制度也有一定启示。

(一)增加转移支付统筹力度,拉平各地预算保障能力

近年,俄罗斯联邦对联邦主体的转移支付规模不断扩大,但联邦主体对于转移支付的依赖程度不完全一致。2020年,只有1个联邦主体转移支付收入占预算收入的比重少于5%;绝大多数联邦主体的转移支付占比介于20%—50%之间,这部分联邦主体的比重高达69%;转移支付占比介于50%—80%的联邦主体占18%;有3个联邦主体的转移支付占比甚至超过80%。与此同时,俄罗斯联邦主体对地方的转移支付集中于住房和公用事业、教育等领域,少数联邦主体在环保领域对地方财政也给予较大支持。

(二)转移支付结构因时而变,提升资金使用效益

俄罗斯各级政府转移支付的形式主要包括一般性补助、特殊补助与专项补助。其中,一般性补助在俄罗斯转移支付中的占比始终处于首位,其次是特殊补助。然而,近年一般性补助的增速放缓,特殊补助与专项补助的规模迅速上升,增速远超一般性补助。尤其在疫情暴发的背景下,为缓解经济受到的负面冲击,俄罗斯拨付了一定特殊补助与专项补助,用于支持各地方中小企业摆脱困境。由此,特殊补助与专项补助的比重大幅上升。

(三)设立地区财政支持基金,形成规范的转移支付模式

俄罗斯为拉平各地区间预算保障水平、对各地区预算收入水平进行横向均衡,力图建立一种更为规范、客观的转移支付模式,并在此背景下设

立了地区财政支持基金,即联邦对联邦主体财政支持基金。该基金以全国财力均等化为目标,按政府制定的统一方法和公式计算,使预算间资金的转移支付首次摆脱了以人为因素占主导地位的一家一户的讨价还价,使其变得更为公平、客观,从而极大提高了转移支付的透明度和可预测性。

(四)针对大类设置转移支付项目,适当把握财政资金使用范围

俄罗斯联邦主体对地方政府的转移支付,预算表中会先列出某一大类公共服务(如住房和公用事业、教育、环保等)的转移支付数,再确定每一类中具体项目的转移支付形式(如专项补助、特殊补助等)。这既可以使地方政府行为满足上级政府的治理需要,又可以根据地方具体需要安排资金的使用。事实上,俄罗斯联邦主体的这种模式有点类似于分类转移支付,只不过分类拨款仅限定公共服务大类,不再限定资金使用的具体项目。

第五章 以平抑经济波动为主旨的俄罗斯预算稳定基金

俄罗斯预算稳定基金是政府预算政策和经济政策不可或缺的组成部分，也是俄罗斯预算稳定机制的重要工具。突如其来的新冠肺炎疫情，给本就脆弱的俄罗斯财政经济带来沉重打击。2020年，俄罗斯经济大幅下滑，失业率连创新高，全年财政赤字规模为2009年金融危机时期的2倍。在此期间，俄罗斯预算稳定基金为抗疫反危机计划提供了关键支撑。在疫情蔓延全球、世界经济全面下行的情况下，俄罗斯稳定基金弥补了因油价下跌造成的财政资金短缺，及时为经济部门注入资金，有效发挥了平抑经济波动、保障国家预算平衡的积极作用。对于中国来说，俄罗斯预算稳定机制在应对突发危机、确保财政可持续方面的做法具有一定的启示意义。

一、以充实的财政储备防范经济危机

2004年，俄罗斯建立稳定基金，将政府在资源丰沛期与资源价格上升期获得的超额收入储存起来，以备经济危机时使用，达到稳定财政与经济、降低通货膨胀压力、减轻国民经济对能源的依赖等目标。2008年，俄罗斯将稳定基金拆分为储备基金和国家福利基金，前者主要用于抵御经济风险、弥补财政赤字，后者则旨在增进国民福利，保障老年人权益。此后十年，油价上升趋势逐渐放缓，加上西方制裁、金融危机的冲击，俄罗斯财政储备迅速消耗，储备基金几乎用尽，最终被并入国家福利基金。2018

年，拆分后的稳定基金再合二为一，由国家福利基金继续发挥平抑经济波动、保障预算平衡的功能。

（一）储备超额收入，设立稳定基金

2000—2005 年，国际能源价格持续飙升，俄罗斯获得了大量矿产资源开采税及石油出口税收入，财政收入得以大幅提升。2000 年，俄财政收入约为 GDP 的 15.5%，2005 年这一比值升至 23.7%，提高了 8.2 个百分点。由于俄罗斯实行财政紧缩政策，因此财政支出的增长幅度远低于财政收入。2000—2005 年，财政支出占 GDP 的比重由 14.2% 上升至 16.3%，仅提高 2.1 个百分点。由此，俄罗斯财政盈余得以大幅增长，其占 GDP 的比重由 1.4% 扩大至 7.4%，增加了 6 个百分点（见图 5 – 1）。

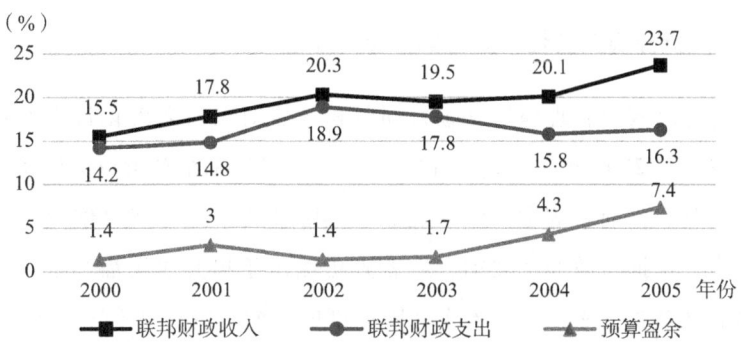

图 5 – 1　俄罗斯联邦财政资金占 GDP 的比重

资料来源：俄罗斯联邦财政部官方网站。

在预算盈余不断上升的同时，能源与原材料出口导向使俄罗斯财政收入对世界经济的依赖程度逐渐加深。2000 年，矿产资源开采税及石油出口税收入占联邦财政收入的 24.5%，2005 年这一比重增长至 42.6%。由资源产品出口推动的财政收入快速膨胀，具有极强的偶然性和阶段性，且易受外部环境影响。有鉴于此，为减轻国际石油价格波动对经济的冲击，保障财政收支平衡，俄罗斯认为有必要建立一种长效的稳定机制，在遭遇衰退时保障财政与经济平稳运行。

为此，兼具储蓄、提高国民福利功能的"稳定基金"成立，并成为俄

罗斯保障财政长期可持续发展的重要选择。2003年12月23日，俄罗斯颁布《俄罗斯联邦稳定基金法》，同时将该法律作为第13.1章列入《俄罗斯联邦预算法典》，稳定基金于2004年1月1日正式成立。依据规定，当石油价格高于基准价格时，俄罗斯将石油部门的超额税收收入纳入稳定基金，在国际能源价格下跌或经济下行时调出，以熨平经济波动、促进预算平衡，保障俄罗斯经济稳定运行。

俄罗斯稳定基金的主要收入来源包括两部分：一是当石油售价高于基准价格时，形成的矿产资源开采税及石油出口税超额收入；二是联邦财政盈余以及稳定基金的投资收益。其中，超额税收收入是俄罗斯稳定基金的主要收入来源，是指以乌拉尔牌原油每桶20美元[①]为基准价格，超过基准价格形成的税收收入。

（二）拆分稳定基金，成立国家福利基金

为合理有效地管理稳定基金，同时积极应对人口老龄化带来的养老问题，俄罗斯于2008年将稳定基金一分为二。稳定基金被拆分为储备基金与国家福利基金，前者的主要作用是缓冲国际油价下跌可能对俄罗斯财政产生的冲击，平抑财政经济波动；后者则更侧重于提升居民福利水平，维持联邦养老基金收支平衡，为养老保障制度的共同筹资计划[②]提供资金。

然而，随着财政支出不断上升，储备基金逐渐消耗殆尽，最终被并入国家福利基金。受油价增速放缓、经济危机冲击，加上欧美制裁加重的影响，2010—2017年俄罗斯经济一直低迷不振，联邦财政入不敷出。为提振经济、弥补财政赤字，俄罗斯政府开始大幅支出储备基金。2009年金融危机期间，俄罗斯储备基金为反危机计划提供资金42209亿卢布；2014年乌

---

① 随着国际原油价格不断提升，自2017年起石油基准价格被提高到每桶40美元，并从2018年开始每年对其进行2%的指数化调整。

② 俄罗斯养老保障制度的共同筹资体系是在2008年开始实行的，旨在鼓励俄罗斯公民积极参与建立自己的养老金积累。即俄罗斯公民在一年内自愿向养老储蓄金账户中缴纳的金额超过2000卢布，那么每缴纳1000卢布，政府就在其个人养老储蓄金账户上相应地额外补充1000卢布，但补助金额每年不超过12000卢布。政府的补贴是从职工申请加入共同筹资的第二年开始的，资助年限为10年。

克兰危机时期,储备基金又消耗58936亿卢布。连续多年的大幅支出,使储备基金的规模迅速缩减。2016年底,俄罗斯储备基金的规模骤降至2030.7亿卢布,与2008年相比减少了95.8%,占GDP的比重也降至1%左右。至2017年初,储备基金几乎用尽,无法继续作为未来预算风险管理的工具。

而此时,俄罗斯国家福利基金尚有存余4万亿卢布,约为GDP的5%。在这种情况下,根据《俄罗斯联邦预算法典》修正案,俄储备基金在资金枯竭后将被关停,所有超额收入一并纳入国家福利基金管理,由国家福利基金同时肩负熨平经济波动、弥补财政赤字的职责。

(三)开源节流,基金规模大幅提升

疫情爆发前,俄罗斯国家福利基金的规模不断扩大,为财政支出提供了坚实后盾。2019年12月,国家福利基金规模达到79462.2亿卢布,较2018年同期增长74%,占GDP的比重达7.2%,同比增加2.8个百分点(见图5-2)。不断充实的财政储备,增加了俄罗斯应对突发危机的底气。据俄财政部表示,在平均28美元/桶的油价条件下,国家福利基金的规模可弥补财政大约8年的收入损失。

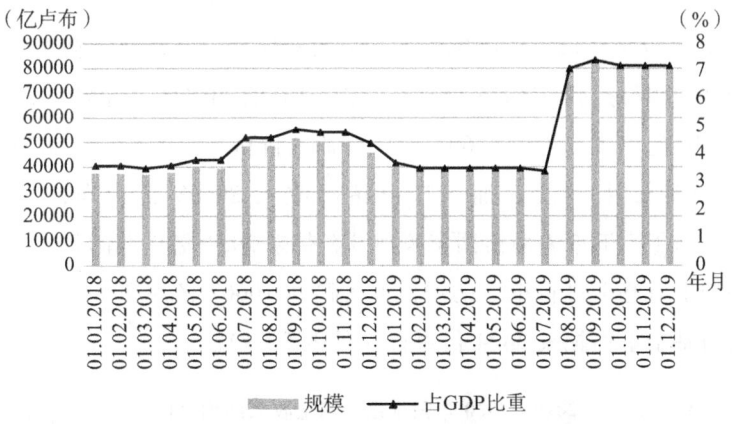

图5-2 2018—2019年国家福利基金规模变化情况

资料来源:俄罗斯联邦财政部官方网站,https://minfin.gov.ru/ru/document/?id_4=27068-obem_fonda_natsionalnogo_blagosostoyaniya.

可以发现，2019年俄罗斯国家福利基金迅猛增长。具体来看，主要原因包括以下三点：①根据《俄罗斯联邦预算法典》的规定，2019年开始预算赤字主要通过发行国内债务进行弥补，而非使用福利基金。②俄罗斯更加注重基金收益，适当提高基金构成中美元和欧元的比重，这也在一定程度上保证了国家福利基金的充足度。③2019年7月，俄罗斯财政部将2018年购买外国货币积累的外汇资金一次性记入了国家福利基金，包括302亿美元、257亿欧元与51亿英镑，大幅提升了基金规模。由此，仅1个月的时间，俄罗斯福利基金的规模就增加了1倍。2019年9月，俄罗斯国家福利基金总量为81704.9亿卢布，占GDP的7.4%，达到近十年最大值。

二、俄罗斯国家福利基金对冲财政风险的作用

在疫情暴发后的前几个月内，俄罗斯国家福利基金的规模不降反增，成为俄罗斯应对经济危机的财政基础与支撑，在保障预算平衡、减缓经济衰退、平抑经济波动方面发挥了重要作用。

（一）财政储备为俄罗斯应对危机提供安全缓冲

2020年以来，俄罗斯国家福利基金依然保持上升趋势。截至年底，国家福利基金规模达到124475亿卢布，占GDP的11.6%，相较于2019年增加了46744亿卢布，增幅达60.1%。受原油价格下跌的影响，2020年基金的矿产资源开采税及石油出口税超额收入29568亿卢布，同比下降30.6%。同年，汇率差额给国家福利基金带来3931亿卢布的收入，在汇率差的基础上对基金进行重估的增值额为高达16667亿卢布。而在2019年，汇率差与基金重估损失3804亿卢布（见表5-1）。

表5-1　2019—2020年国家福利基金收入结构对比　　　单位：亿卢布

	2019年	2020年
矿产资源开采税及石油出口税超额收入	42614	29568

第五章　以平抑经济波动为主旨的俄罗斯预算稳定基金 | 109

续表

	2019 年	2020 年
汇率差额	-1393	3931
汇兑资产重估	-3804	16667

资料来源：Пояснительная записка к проекту федерального закона "О федеральном бюджете на 2021 год и на плановый период 2022 и 2023 годоф".

值得关注的是，在2020年第二季度，俄罗斯国家福利基金忽然猛增。4月初，基金规模达到128557.5亿卢布，环比增长了55.8%（见图5-3）。在本章看来，这主要缘于以下两点：①与2019年7月情况相似，俄罗斯财政部针对上一年积累的外汇资金，一次性记入了国家福利基金，使基金的规模得以大幅上升。②在卢布贬值趋势下，外汇市场的汇率差给基金带来了一定的汇兑收益。鉴于国家福利基金主要通过购买外汇的形式存入俄罗斯中央银行，外币升值使基金的实际资产得以提升。在2020年前4个月中，卢布贬值所产生的汇率差使俄国家福利基金增值91.75亿卢布。俄罗斯联邦政府财政金融大学教授康斯坦丁·奥尔多夫认为，美元汇率每上升10卢布，就能为国家福利基金带来约1.7万亿卢布的收益。

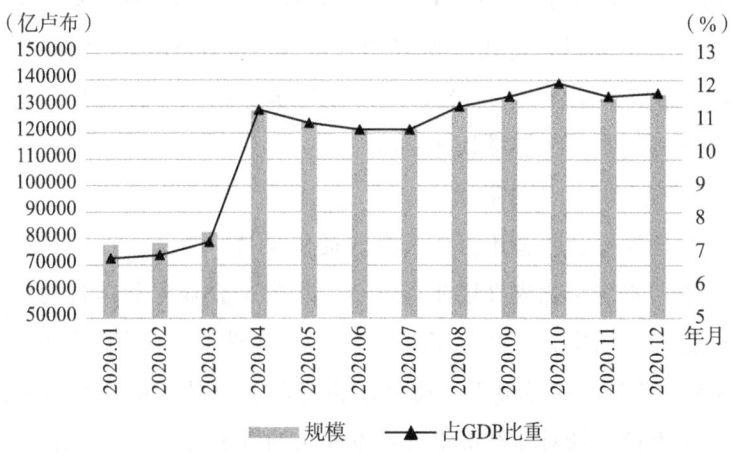

图5-3　2020年俄罗斯国家福利基金规模变化情况

资料来源：俄罗斯联邦财政部官方网站，https：//minfin.gov.ru/ru/document/?id_4=27068-obem_fonda_natsionalnogo_blagosostoyaniya.

疫情暴发后，俄罗斯国家福利基金持续消耗三个月，为应对经济危机提供了及时且有效的缓冲。2020年5月，福利基金规模下降至124058亿卢布，6月降至121615亿卢布，7月进一步减少至121396亿卢布。4—7月，基金规模累计消耗7162亿卢布，占GDP的比重也由11.3%降低至10.7%，下降了0.6个百分点。

（二）为反危机计划注资以平抑经济波动

在疫情的影响下，俄罗斯社会总需求骤降，许多企业面临资金链断裂的风险，企业运营严重受挫。俄罗斯战略研究中心（ЦСР）的调查结果显示，新冠肺炎疫情导致约1/3的企业濒临破产，尤其在服务贸易、建筑业以及医疗卫生和制造业等领域，受到的冲击更为明显。由此，俄罗斯启动抗疫反危机计划，重点扶持相关行业及中小企业，尽量降低社会与经济动荡。期间，俄罗斯国家福利基金为反危机计划提供了大量补充与支持。

1. 支持公共部门财政支出

在国家福利基金支持下，俄罗斯财政部于2020年3月21日开始执行优先行动计划，确定了3000亿卢布的财政资金以应对当前局势，主要措施包括进口药品零关税、简化政府采购程序等；3月31日，财政部又预留1.4万亿卢布用于控制疫情蔓延，主要用于健康措施、公民社会救助、支持联邦主体延期支付预算贷款等支出。

2. 支持信贷机构资金需求

俄罗斯国家福利基金还为信贷机构提供支持，帮助其给中小企业以及实体经济部门提供贷款或直接注入资金，在保证企业平稳运行的同时，推进国家重点项目的实施。截至2020年9月，俄罗斯政府从国家福利基金中支出5805亿卢布，专门用于支持金融机构与受疫情影响严重的企业。其中，用于确保俄罗斯对外经济银行资本充足的资金为3364.1亿卢布，为实体经济部门提供627亿卢布的资金支持，向住房抵押贷款公司借款400亿卢布，为中小企业提供贷款支持300亿卢布等（见表5-2）。

表 5-2　俄罗斯国家福利基金向企业提供贷款与资金支持　　单位：亿卢布

项目	金额
向俄罗斯信贷机构提供贷款支持	291.8
向中小企业提供贷款支持	300
对住房抵押贷款公司的借款	400
确保俄罗斯对外经济银行的权益资本充足	3364.1
对实体经济部门的资金支持	574.9（用于资助莫斯科地铁购置及租赁项目）；52.1（用于资助机场建设项目）
其他领域资金支持	822.1
总计	5805

资料来源：俄罗斯联邦财政部官方网站，https://minfin.gov.ru。

3. 有效抑制经济下跌

在财政储备得到充分保障的情况下，俄罗斯共拿出国家福利基金近 2.3 万亿卢布，约为此次抗疫反危机支出的 88.1%，用于支持金融企业与实体部门，刺激经济复苏。在采取一系列措施后，俄罗斯经济下降趋势明显放缓。根据俄罗斯联邦统计局评估，2020 年第三季度俄罗斯国内生产总值下滑 5%，比预计的 5.9% 减少近 1 个百分点。工业生产情况也有所改善，5 月俄罗斯工业产值同比下滑 9.6%，7 月下滑 8%，8 月下降幅度进一步降为 7.2%。同时，俄罗斯居民失业状况得以控制，全国失业率没有继续大幅上升，7—8 月的失业率稳定在 6.3% 的水平。因此可以说，在俄罗斯反危机措施中，国家福利基金发挥了较为积极的作用。

（三）弥补短缺的财政收入以收紧预算缺口

在俄罗斯与沙特阿拉伯新一轮减产协议谈判破裂，以及新冠肺炎疫情的双重冲击下，原油价格急剧下跌。2020 年 4 月初，俄产乌拉尔油价探底至 10.5 美元/桶，为 1999 年 3 月以来最低水平。由于俄罗斯近 40% 的财政收入依赖于能源产业，因此，油价暴跌造成矿产资源开采税与石油出口税收入大幅减少，联邦财政收入严重短缺。2020 年上半年，俄罗斯取得的矿产资源开采税与石油出口税收入仅为上一年同期的 65%。受此影响，尽管非能源部门收入增长约20%，但仍无法弥补巨大的收入缺口，使上半年联邦财政总收入同比下滑近5%。

根据《俄罗斯联邦预算法典》规定，当油价低于42.4美元/桶时，俄罗斯中央银行可在公开市场拍卖国家福利基金中的等值外汇，以弥补因油价下跌导致短缺的预算收入。2020年4月，即疫情暴发初期，俄罗斯国家福利基金账面可流动资金为128558亿卢布，占同期GDP的11.3%，其在俄罗斯中央银行单独账户的外币结构为572.3亿美元、494.8亿欧元、96.2亿英镑。4—8月，俄罗斯财政部出售了国家福利基金在中央银行账户中的部分外汇储备，共计6650亿卢布，用于填补联邦财政收入，这一数额约为石油部门税收收入的25%。

尽管国家福利基金已弥补了部分预算收入，但俄罗斯仍出现了大量财政赤字，因此，在弥补联邦预算收入的基础上，财政部继续使用国家福利基金填补联邦财政缺口。自2020年8月开始，俄罗斯多次使用国家福利基金弥补财政缺口。俄中央银行共出售17.06亿美元、14.39亿欧元与2.9亿英镑，共计2898.4亿卢布记入联邦预算账户，用于弥补联邦财政赤字，这一数值约为同期联邦财政赤字的20%（见表5-3）。

表5-3　2020年俄罗斯国家福利基金弥补财政赤字情况

月份	弥补财政收支缺口金额	出售外汇情况
8月	35.561亿卢布	0.214亿美元、0.18亿欧元、0.036亿英镑
9月	572.039亿卢布	3.404亿美元、2.883亿欧元、0.581亿英镑
10月	1103.311亿卢布	6.407亿美元、5.44亿欧元、1.096亿英镑
11月	664.365亿卢布	3.86亿美元、3.272亿欧元、0.652亿英镑
12月	523.17亿卢布	3.171亿美元、2.609亿欧元、0.525亿英镑

资料来源：俄罗斯联邦财政部官方网站，https：//minfin.gov.ru/ru/perfomance/nationalwealth-fund/news/.

三、对俄罗斯国家福利基金对冲疫情风险的再判断

由于经历了较长时间的经济制裁，俄罗斯推行国内发展战略，实施进

口替代等反制裁措施，具备一定的自给自足能力。面临世界经济的衰退与危机，相对于其他国内日用消费品高度依赖外部的经济体，俄罗斯抗冲击能力相对较强。而充足的财政储备更加提升了俄罗斯的抗风险能力，也为俄罗斯在危机中发展国内战略提供了必要资金。

（一）疫情暴发前的财政储备使俄罗斯具备应对危机的基础

2020年3月油价暴跌之后，乌拉尔原油价格已接近俄罗斯2020—2022年中期预算平衡点的预期石油价格，联邦财政盈余和国家福利基金持续消耗了三个月，下半年财政压力较大。但由于在疫情发生前，俄罗斯的财政状况、政府债务都处于良好状态，具备应对疫情的基础与条件。因此，总体来看，俄罗斯财政风险等级仍维持在较低水平，政府债务水平处于可控范围。

1. 俄罗斯拥有较充足的资金储备

2020年初，俄罗斯拥有较充沛的外汇储备，3月上旬达5810亿美元，高于同期外债额。而国家福利基金储备主要以外汇形式存放于俄罗斯中央银行，在此基础上，俄罗斯国家福利基金的储备也较充足。2020年3月，俄国家福利基金中用于补充联邦预算的资金总额超10万亿卢布，占GDP的9.2%。据俄罗斯财政部表示，在油价处于25—30美元/桶的条件下，国家福利基金的规模可弥补财政6—10年的收入损失，满足联邦预算的支出需求。在财政资源消耗较快的情况下，利用国家福利基金填补石油行业税收预算收入的损失①，既不必增加国家财政负担，也不必承担石油价格周期下跌的后果，成为保证危机中财政与经济稳定运行的有效方式。

2. 俄罗斯的债务水平较低

2018—2019年俄罗斯联邦预算一直处于盈余状态，财政盈余占GDP的比重一度超过3%。在此基础上，俄罗斯的公共债务水平较低。2020年初，俄罗斯公共债务仅占GDP的12.3%，远低于《米斯特里赫条约》规定的45%的国际通行警戒线标准，直至2020年第二季度末，该比重仍低

---

① 至于对非油气收入的补偿，考虑到俄罗斯之前的国家债务水平较低，因此，这部分预算赤字将主要通过发行国债和出售俄储银行的股票所获利润来弥补。

于20%。由此，俄罗斯财政部经济专家组负责人古尔维奇认为，俄罗斯可以通过增加国内债务来解决财政资金的不足，而不必担心宏观经济稳定被破坏。他认为，在内需大幅下降的情况下，俄罗斯通货膨胀不会强劲增长，并建议中央银行购买政府债券以增加货币供应量。

（二）俄罗斯国家福利基金的使用规则引起社会关注

新冠肺炎疫情所导致的大范围公共卫生危机，对经济的冲击不同于一般的经济周期影响，需要政府根据实际情况实施应对措施。俄罗斯国家福利基金作为稳定经济的备用资金，在2019年就已超过GDP的7%，如此大规模的资金迅速引起各方的关注与讨论。如何使用国家福利基金应对此次危机，俄罗斯地方议员、自由派经济学界和联邦政府提出了不同观点。

莫斯科、圣彼得堡等地方杜马与联邦会议的议员指出，州政府承担的社会责任应由国家福利基金来负担。疫情暴发后，俄罗斯各地实施隔离制度，联邦政府将大部分责任移交给了州政府，但州政府无权使用国家福利基金，使公民面临的形势变得更加严峻。因此，议员们认为特殊时期向公民发放现金，成人每人发放2.5万卢布，儿童每人发放1.5万卢布，该资金应由国家福利基金承担。

自由派的经济学家也一致认为，俄罗斯的救助措施力度远远不够。2020年发达国家的救助支持占GDP的比重平均为14.5%，新兴市场经济国家平均为3.6%，在俄罗斯仅为1%[①]。而国家福利基金的规模在同年4月已达到GDP的11%，其用于刺激经济与稳定财政的资金占比较小，直接救助公民的资金更是微乎其微。因此，经济学家们指出，仅在2020年就应花费基金的50%，并从中拨出2万亿卢布一次性向公民发放资金补贴与救助。

俄罗斯财金主管部门则认为应更谨慎地使用国家福利基金。财政部部长西卢阿诺夫指出，在国家福利基金的支持下，俄罗斯已耗资数万亿美元用于抗疫需求，在未来形势尚未明朗的情形下，该基金有可能仅3—4年就

---

① 资料来源于国际货币基金组织（IMF）官方网站，https://www.imf.org/en/Topics/imf-and-covid19/Fiscal-Policies-Database-in-Response-to-COVID-19.

会被用完。他认为，在救市方面，俄罗斯政府的任务是帮助真正有需要的人，而不是攀比谁花的钱更多。

俄财政部金融研究所主任纳扎罗夫指出，国家福利基金是确保预算系统安全稳定运行的"缓冲剂"，但这是一个长期概念，而非过度使用基金解决短期困难，更不代表要在短短几年内耗尽基金。2020年4月基金规模快速上升，这仅仅是反映了上一年本应纳入该基金的全部收入以及货币重估的作用。随着疫情发展与油价波动，基金很有可能在较长时间内收不抵支，快速消耗。并表示，除反危机计划外，俄罗斯国家福利基金已经投资了不少国家项目，如亚马尔液化天然气项目、俄罗斯最大的石化综合项目"ЗапСибНефтехим"以及在芬兰建造核电站等项目。且在疫情期间，国家福利基金还为减税措施提供保障。例如，在2020年，俄罗斯中小企业的保险费减半，联邦养老基金出现的赤字全部由联邦预算弥补，而这部分资金也得到了国家福利基金的帮助。

（三）未来国家福利基金仍继续为经济与财政稳定兜底

疫情对俄罗斯财政冲击延续至今后几年，之前计划的预算盈余全部转化为预算赤字，这体现在最新的联邦预算中。2020年12月8日，出台《2021—2023年俄罗斯联邦预算》（第385-Ф3号），依据该联邦法，2021—2023年，俄罗斯联邦预算赤字分别为27550亿卢布、12475亿卢布、14086亿卢布，占GDP的比重分别为2.4%、1.0%、1.1%。而依据2019年出台的《2020—2022年俄罗斯联邦预算》（第380-Ф3号），2021年与2022年俄罗斯预算盈余分别为701.4亿卢布、372.7亿卢布。

在2021—2023年，增发国债是俄罗斯政府弥补财政赤字的主要方式，国家福利基金则主要为经济复苏预留充足储备，并承担一部分弥补财政赤字的功能，在减缓经济衰退、促进经济平稳发展的同时，保障国家预算平衡。2021年，福利基金用于补贴预算缺口的资金计划为950亿卢布，之后两年减少为38亿卢布。总体来看，俄罗斯政府对国家福利基金的使用持较为保守的态度，在非必要的情况下避免消耗更多基金，为国家的中长期发展预留丰沛的财政储备。

依据 2021—2023 年联邦预算，俄罗斯国家福利基金规模将继续扩大，由 124873 亿卢布升至 134744 亿卢布，累计增长 79%，占 GDP 的比重均超 10%（见表 5-4）。其中，基金的汇率差额和货币重估值预测分别为 1350 亿卢布、1550 亿卢布与 1280 亿卢布。国家福利基金的多数资金存放于中央银行的专门账户中，这部分资金由 2021 年的 82382 亿卢布增至 2023 年的 92527 亿卢布，约为基金总额的 66%；另一部分则存放于其他金融资产账户中（包括用于投资的资金），约为国家福利基金总储备的 34%。

表 5-4　2021—2023 年俄罗斯联邦财政主要指标变化情况　单位：亿卢布，%

年份	2021	2022	2023
财政收入	187651	206375	222627
占 GDP 比重	16.2	16.6	16.8
财政支出	215201	218850	236713
占 GDP 比重	18.6	17.6	17.8
(-)赤字/(+)盈余	-27550	-12475	-14086
占 GDP 比重	2.4	1.0	1.1
赤字补充资金来源：			
政府债务	29376	20990	23878
国家福利基金补充	950	38	38
年末国家福利基金规模	124873	126382	134744
占 GDP 比重	10.8	10.2	10.1
国家福利基金的汇率差额和重新估计增加额	1350	1550	1280
存放在中央银行的福利基金数量	82382	84021	92527
存放于其他金融资产中的福利基金数量	42491	42362	42218

资料来源：Пояснительная записка к проекту федерального закона "О федеральном бюджете на 2021 год и на плановый период 2022 и 2023 годоф".

四、总结与启示

俄罗斯的实践表明，面对突发的危机，财政预算稳定基金能保证财政平稳过渡，无需过度依赖削减支出或提高税率维持财政平衡，并促进宏观经济发展目标的实现。这一思路与做法对同样拥有预算稳定调节机制的中国来说，具有一定的启示与借鉴意义。

（一）重视超额储备所发挥的风险对冲功能

俄罗斯的财政稳定在很大程度上依赖于以能源出口为主的收入，是一种典型的资源型财政。但过分依赖能源出口的经济结构存在极大的不稳定性，一旦遭遇资源枯竭或资源价格下跌，国家的财政与经济形势就有可能由盛转衰。因此，确保财政的长期稳定和可持续发展是许多资源型国家或地区面临的重要问题。正如我国的抚顺市和大庆市，丰富的煤炭与石油资源曾为当地财政与经济带来十分丰厚的收入，但资源生产期的超额收入未被有效储存，随着资源逐渐枯竭，曾经的巨额收入也被消耗殆尽。

俄罗斯将超额石油税收收入储备起来，用于弥补必要时的财政支出，对于缓解油价下跌导致的财政收入骤减，发挥着不容忽视的缓冲和调节作用。当经济高涨时，俄罗斯将财政超额收入存入稳定基金，避免财政收入的盲目消耗，防止非正常财政支出的扩张，对经济起到"降温"作用；当经济遭遇危机时，政府运用之前储备的基金，弥补财政赤字，为反危机计划注入资金以实现反危机目标，对经济起到"提振"作用。

在此次新冠疫情中，充沛的财政储备在一定程度上提升了俄罗斯应对危机的信心。在经济衰退以及油价下跌导致收入大量减少时，国家福利基金能使政府不必削减支出或提高税率来保障预算平衡，从而避免了可能加剧宏观经济波动的财政紧缩。由此，建立长期可持续的财政预算稳定调节机制具有重要意义。

（二）进一步完善财政预算稳定调节机制

2007年，我国建立中央预算稳定基金，从2006年财政超收收入中划入500亿元。随后，各地也根据当地实际情况，建立本级预算稳定调节基金。作为财政资金的"蓄水池"，预算稳定调节基金储备一般公共预算的超收收入，弥补未来有可能遭遇的预算缺口。我国虽然设立了预算稳定调节基金，但仍存在一些问题。

一是规模限制难以遏制年底突击花钱的现象。《国务院办公厅关于进一步做好盘活财政存量资金工作的通知》(国办发〔2014〕70号)规定:"预算稳定调节基金编制年度预算调入后的规模,一般不超过当年本级一般公共预算支出总额的5%。超过5%的,各级政府应加大冲减赤字或化解政府债务支出力度。"这一规模限制不能遏制年底突击花钱的现象。对于财政运行良好的地方政府来说,财政赤字与债务都较少,预算稳定基金规模较大,为保证基金规模处于规定范围,只能在年底突击花钱,有些地方还会通过隐瞒收入与虚列支出等违规方式控制预算稳定调节基金的规模。

二是预算稳定调节基金的功能未有效发挥。依照我国《预算法》规定,"各级一般公共预算按照国务院的规定可以设置预算稳定调节基金,用于弥补以后年度预算资金的不足。"但该法没有明确其具体用途,这增加了预算监管的难度。对于经济薄弱的地区,为加快地方经济发展、保障民生财政刚性需求,政府会加大财政投入,不得不将当年财政超收收入直接花掉,以至于无法储备充足的调节基金应对突发危机。而对于经济发达地区,财政运行良好且连年超收,预算稳定调节基金规模不断扩大,其储蓄功能又明显大于调节作用。

三是对结余基金的管理不够完善。《预算稳定调节基金管理暂行办法》(财预〔2018〕35号)指出,"各级一般公共预算的稳定调节基金应当在同级国库单一账户储存。"这强调了预算稳定调节基金的单一账户集中化存储管理,虽有利于减少基金使用的行政干预,但没有对基金结余的保值、增值作出明确规定。

反观俄罗斯,在落实预算稳定调节过程中,俄罗斯将国家福利基金的形成、使用与管理都详细写入俄罗斯《预算法典》中,为福利基金提供了良好的法律保障,并真正在实践中发挥了预算稳定调节机制的作用。

(三) 建立预算稳定调节基金的长期筹资渠道

尽管我国《预算法》对预算稳定调节基金进行了规定,但在实际建立过程中,由于各地区差异较大,预算管理水平各不相同,预算稳定调节基金的建设情况不尽完善,在长期中也没有形成稳定的筹资来源。

考虑到土地出让金是我国地方财政收入的主要来源，而土地资源的供给具有稀缺性，使地方政府通过出让城市土地存量、进行土地拆迁等方式获取土地纯收益的空间不断缩小，因此，土地财政在长期来看具有极大的不稳定和不可持续性。尽管未来房产税可能成为地方政府的财政收入来源，但在房产税制度尚未完善、地方政府可出让土地规模不断减少的情况下，一旦土地出让收入出现绝对下降、地方政府无法在短时间内寻找新的财源之时，势必会对地方财政收支造成巨大压力，进而形成财政风险。

为此，可以考虑在土地出让金与预算稳定基金之间建立联系，在土地出让收入尚未出现绝对下降、仍有调节和引导空间时，形成缓冲机制。可尝试按照一定比例将地方层级的超额收入计提存入预算稳定调节基金，为未来政府积累财力。一方面，这种做法可以合理分配政府代际间的土地收益，避免在经济高涨期增收的额外收入被不合需求的财政扩张所浪费。另一方面，将土地出让金收入纳入预算调节基金，还可降低土地财政对地方财政造成的不稳定风险，使未来的财政在面临危机时，无需以破坏财政健康、恶化经济循环为代价，可在一定程度上减轻政府压力，兼顾财政的安全与稳定。

第六章　俄罗斯财政与央行配合应对西方全面制裁

俄乌冲突以来,以美国为首的西方国家对俄罗斯实施了严厉的经济和金融制裁,给俄罗斯经济社会带来严峻挑战,但也可能蕴藏新的机遇。当前,世界百年未有之大变局进入加速演变期,不稳定性不确定性明显增大。制裁与反制裁是未来大国博弈的重要"战场",梳理总结西方对俄罗斯的制裁进程与俄罗斯的反制措施,也有利于我国有针对性地采取相关措施,进一步提升大国博弈能力。

一、俄乌冲突引发西方对俄罗斯的全方位制裁

经济制裁是现代国际关系中最常见的非军事胁迫工具之一。2008年国际金融危机爆发后,经济全球化就进入了转型调整阶段。随着2022年乌克兰危机升级,各国开始深度调整各自的国际战略,大国竞争时代加速来临。世界政治经济秩序重回大国竞争时代,经济全球化深度调整的方向和进程也由此被确定下来。西方国家对俄罗斯的制裁始于2000年,而当前的系统性制裁则是由2014年开始。

2022年2月21日,俄罗斯宣布承认顿涅茨克共和国和卢甘斯克共和国独立,以及2月24日在乌克兰开展特别军事行动,是美国对俄制裁的转折点。在此之前,美国对俄的制裁可以被称为常规制裁阶段,之后则进入全方位、无差别和大规模极限制裁阶段。

（一）美国对俄罗斯经济制裁的历史进程

21世纪以来，美国对俄罗斯实施了多轮涉及政府、企业与个人海外资产的制裁。整体来看，大致可以分为三个阶段：2014年以前的局部制裁，2014—2021年的系统性制裁以及2022年后的全面制裁。

1. 局部制裁阶段（2000—2013年）

2000—2013年，美国因浓缩铀协定与人权问题发起对俄制裁，冻结政府与相关人员的部分在美资产。2000年，美国以俄罗斯拒绝履行《俄美高浓缩铀协定》为由，冻结了俄罗斯政府在美国境内的相关资产。2012年，美国利用人权问题，颁布《马格尼茨基法案》，宣布制裁谢尔盖·马格尼茨基案件的有关人员，冻结其在美的资产，禁止其使用美国的银行系统。

2. 系统性制裁阶段（2014—2021年）

2014—2021年，克里米亚危机后美国对俄实施系统性制裁，俄罗斯多个核心企业与个人海外资产遭冻结。2014年3月，美国于克里米亚公投当日向俄罗斯发起首轮制裁，宣布冻结俄政府高级官员在美银行账户及在美资产。同年，美国政府对俄罗斯核心企业在融资方面采取限制措施，并与欧盟合作建立系统化的经济制裁机制，俄主要金融机构、能源与军工实体相继被纳入制裁范围。2016年，美国以俄罗斯干预美国大选为由，对俄罗斯情报部门和国家安全机构实施制裁，具体以冻结个体海外资产为主。2019年，美国为谴责俄罗斯使用违禁武器，禁止多边开发银行对俄提供援助、禁止美国银行对俄罗斯相关实体提供贷款或交易。

3. 全面制裁阶段（2022年）

2022年2月，俄罗斯对乌克兰采取特别军事行动，美国为首的西方国家宣布对俄实施全面的极限制裁。相较于2014年的克里米亚事件，此次西方国家对与俄罗斯的对抗准备得更加充分，制裁力度不断加码，主要包括冻结海外资产、实施金融封锁和限制进出口贸易、制裁能源领域等方面，旨在影响俄罗斯最敏感的领域。

（1）冻结海外资产

西方国家对俄罗斯外贸银行、俄罗斯工业通讯银行、新商业银行、索夫科姆银行和开放金融公司实施的制裁最为严厉，这些银行在制裁国的账户和资产均被冻结。俄罗斯的其他银行在制裁国的资产受到了不同程度的冻结。根据俄新社的报道，此次制裁已经造成俄罗斯大约一半的黄金和外汇储备被冻结。

（2）实施金融封锁

西方国家断开了俄罗斯外贸银行、俄罗斯银行、俄罗斯对外经济银行、俄罗斯工业通讯银行、开放金融公司、新商业银行、索夫科姆银行与SWIFT结算体系的连接。同时，限制俄罗斯相关银行和公司在制裁国银行存放大额存款及开设账户、贷款、购买金融产品等。

（3）限制进出口贸易

西方国家针对俄罗斯航空、国防工业等关键行业的领先企业宣布了一系列进出口限制措施，旨在切断俄罗斯获取半导体、计算机和电信设备等外国产品的渠道，从而遏制俄罗斯工业包括国防业、航空航天业和航运业的发展。

（4）制裁能源领域

美国全面禁止从俄罗斯进口石油、石油产品、石油燃料、液化天然气、煤炭和煤制品等能源产品；英国石油公司退出俄罗斯石油公司20%的股份；加拿大通过禁止进口一些石油产品加入了反俄制裁等。

2022年12月5日，欧盟发起对俄罗斯石油出口"限价令"，直接目的就是切断俄赖以生存的能源出口创汇。乌拉尔石油的平均交易价格立刻在12月跌至50.47美元/桶，环比下滑16美元/桶，是2020年12月以来的最低值。尽管普京曾要求俄罗斯全力保证以俄乌冲突为导向的军工生产，但能源出口受阻，牵一发而动全身，对俄罗斯的影响将是深远的。俄罗斯副总理诺瓦克强调，对俄能源出口限价是一种赤裸裸的政治行为。据西方媒体的统计，对于现在的俄罗斯来说，只有石油出口价格维持在80美元/桶以上时，联邦财政才能收支平衡。

对于此，俄罗斯也出台了针对石油"限价令"的反制措施，最直接的方式是不再向执行"限价令"的国家提供俄罗斯石油和石油产品。尽管如此，"限价令"的影响仍不容小觑。目前，虽然俄罗斯的能源合作伙伴没有受到"限价令"的直接束缚,但却开始考虑为自身争取更多的折扣。以印度为例,作为仅次于中国和美国的世界第三大原油进口国,在西方实施反俄制裁后,印度并未停止购买俄罗斯石油。2022年初,俄罗斯在印度石油进口中所占份额仅有0.2%,到年底份额已超过20%。2023年1月27日,印度G20协调人康德表示,印度将继续采购俄罗斯石油,能买多少就买多少,并正研究采用本币结算的方式。此前,印度媒体曾"放话",一旦俄罗斯卖给印度的石油超过"限价令"规定的每桶60美元,印度可能会考虑加入对俄实施价格上限的国家行列(见表6-1)①。

表6-1　　　　　　　2022年欧盟对俄罗斯的十轮制裁

第一轮
1. 资本市场限制。(1)禁止俄罗斯政府、俄罗斯中央银行或代表俄罗斯中央银行或在其指导下行事的任何法人、实体或机构在2022年3月9日后发行的证券和货币市场工具。该禁令包括与发行这些证券有关的证券服务或辅助服务。(2)2022年2月23日后禁止向上述法人、实体或机构借款或接受其借款。
2. 对自然人和公司实施金融制裁。(1)对于350名赞成俄罗斯承认卢甘斯克/顿涅茨克为主权国家的俄罗斯议会议员,冻结所有资金和经济资源。(2)禁止直接或间接向名单所列个人提供资金或经济资源。如果接受者或最终用户本身未列入名单,但由所规定的部分实体控制,也可禁止提供资金或经济资源。(3)制裁950名俄罗斯个人和组织,包括俄罗斯副总理绍伊古、国防部长格里戈连科、俄罗斯国家银行"Promsvyazbank"和罗曼·阿布拉莫维奇。
3. 制裁卢甘斯克/顿涅茨克地区。(1)对克里米亚、塞瓦斯托波尔的贸易实施制裁,欧盟与卢甘斯克/顿涅茨克之间的贸易将受到大幅限制。(2)禁止进口原产于指定地区的货物,以及直接或间接提供与进口有关的融资。(3)禁止投资活动,禁止在卢甘斯克/顿涅茨克收购或增加房地产所有权权益以及建立合资企业或提供相关投资服务。(4)禁止出口部分货物和技术,特别是与运输、能源和通信等关键部门有关的货物和技术
第二轮
1. 禁止俄罗斯银行在欧盟借贷。2. 禁止交易俄罗斯国有企业的股票。3. 禁止接受俄罗斯公民或居民超过一定价值的存款,禁止向俄罗斯客户出售以欧元计价的证券。4. 对俄罗斯运输部门的备件和其他技术的供应将被切断。5. 对两用货物和技术还有额外的出口限制,包括有助于改善俄罗斯国防和安全部门的商品和技术。6. 禁止销售、供应和出口某些炼油货物和技术。7. 签证政策限制:俄罗斯外交官和商人的入境机会将受到限制。8. 德国政府停止"北溪2号"管道项目的授权程序

---

① 张春友. 俄罗斯出台石油"限价令"反制措施[N]. 法制日报,2023.2.6.

续表

第三轮

1. 将部分银行排除在"swift"之外。2. 对俄罗斯中央银行实施限制。决定进一步限制俄罗斯中央银行通过国际金融交易支持卢布汇率的能力。禁止与俄罗斯中央银行储备和资产管理有关的交易，以及与代表俄罗斯中央银行或按俄罗斯中央银行（例如俄罗斯国家财富基金）指示行事的法人或实体进行交易。3. 成立一个由美国和欧盟代表组成的特别工作组，以确保迅速实施制裁，并冻结受制裁个人及其家人和公司的资产。4. 禁止俄罗斯飞机进入欧盟领空。5. 广播公司不得广播俄罗斯媒体消息。6. 对海事部门实施制裁，对于一些海运货物和技术，无论是否原产于欧盟，均不得直接或间接向俄罗斯的自然人或法人供应或出口。此外，受贷款、可转让证券和货币市场工具融资限制的法人和实体名单已扩展到海事部门

第四轮

1. 俄罗斯在欧盟市场上所谓的最惠国待遇（MFN）地位将被撤销。因此，俄罗斯作为世贸组织成员享有的重要优势将被取消。这将允许成员国单方面对俄罗斯征收关税并设置其他贸易壁垒。2. 俄罗斯国家和主要精英将被阻止交易加密货币，以防止规避已经存在的制裁。3. 禁止从欧盟向俄罗斯出口奢侈品，包括葡萄酒，啤酒，香烟，香水，服装，珠宝等。4. 停止俄罗斯从欧盟进口钢铁行业相关必需品。禁止直接或间接提供与特定商品相关的技术援助、中介服务、融资或金融援助，包括金融衍生品以及保险和再保险。5. 不允许向俄罗斯出口能源部门的设备、技术和服务。6. 俄罗斯国家和俄罗斯公司将不再被欧盟评级机构允许评级。7. 禁止与部分俄罗斯国有企业进行交易

第五轮

1. 禁止每年从俄罗斯进口价值4亿欧元的煤炭。2. 全面禁止与四家俄罗斯银行进行交易，其中包括俄罗斯第二大银行VTB。3. 禁止俄罗斯船只和俄罗斯运营的船只停靠欧盟港口（例外情况包括某些必需品，如农产品和食品、人道主义援助和能源）。4. 对俄罗斯的额外某些商品和技术（例如量子计算机、先进半导体、敏感机械和运输设备）实施10亿欧元的定向出口禁令，以削弱俄罗斯的技术基础和工业能力。5. 进一步禁止进口木材、水泥、海鲜和酒精饮料（伏特加）。6. 禁止俄罗斯公司参与欧盟成员国的公共合同授予，并排除欧盟或其成员国对俄罗斯公共机构的任何财政支持

第六轮

1. 全面禁止通过海上进口俄罗斯石油（原油和石油产品），约占俄罗斯向欧盟交付的三分之二。通过管道进口仍然是可能的（特别是在匈牙利的坚持下），但德国和其他国家已经宣布，到今年年底他们将不再从俄罗斯进口任何石油，因此进口可能会下降高达90%。2. 对被指控在布查犯有战争罪的其他俄罗斯公司和个人实施资产冻结和旅行禁令。3. SWIFT排除俄罗斯联邦储蓄银行。4. 对其他军工企业先进技术的出口实施管制限制

续表

第七轮
1. 禁止进口原产于俄罗斯的黄金，禁止再销售和购买俄罗斯加工黄金。还禁止与此类货物有关的技术援助。2. 悬挂俄罗斯国旗的船只现在也被禁止进入欧盟境内的水闸。他们现在只被允许使用水闸离开欧盟领土。3. 资本市场调整及金融相关制裁：禁止接受来自欧盟以外设立的法人实体超过 100000 欧元的存款，这些实体的股份超过 50% 由俄罗斯国民或居住在俄罗斯的自然人直接或间接持有

第八轮
1. 扩大有关化学品、半导体、电子元件和属于法规（EU）2019/125 的物质的限制物品清单，这些物品可用于死刑、酷刑或其他残忍、不人道或有辱人格的待遇或处罚。2. 禁止销售、供应、转让或出口（欧盟）No. 258/2012 条例所涵盖的枪支及其零部件和基本部件和弹药。3. 扩大对原产于俄罗斯或已从俄罗斯出口的钢铁产品的进口禁令，以削弱俄罗斯的工业能力。4. 扩大对航空业使用的其他货物的销售、供应、转让和出口的限制。5. 全面禁止进口和转让俄罗斯煤炭产品。6. 对俄罗斯原油和某些石油产品实施价格上限；如果第三国以高于价格上限的价格购买俄罗斯原油或石油，则禁止向第三国海运此类货物。7. 俄罗斯船舶登记处认证的船舶的港口准入和锁定禁令。8. 禁止联盟国民在某些俄罗斯国有或控制的法人、实体或机构的理事机构中担任任何职务。9. 完全禁止向俄罗斯人和居民提供加密资产钱包、账户或托管服务。10. 禁止对俄提供建筑和工程服务以及 IT 咨询服务和法律咨询服务

第九轮
1. 扩大受制裁人员名单。2. 扩大禁止参与采矿和采石业的规定。3. 延长在俄罗斯公司担任管理职位的禁令。4. 将禁止提供某些商业服务的禁令扩大到包括广告、市场和民意调查以及产品测试和技术监督。5. 为退出俄罗斯市场制定新的进出口禁令豁免规定

第十轮
1. 禁止一些可用于俄罗斯武器系统的军民两用电子元件的出口。这些产品将包括电子电路和电子元件、热感相机、无线电和重型车辆，以及用于工业和建筑用途的机械。2. 首次制裁为俄罗斯提供无人机的伊朗实体。3. 强制银行报告涉及俄罗斯央行的资产信息，以掌握欧盟冻结的俄罗斯相关资产规模。欧盟可能将这些资金作为给乌克兰重建作出贡献的第一步。4. 加强与被制裁的俄罗斯公司和个人有关资产冻结报告义务，并建议对未能提供所需信息的个人处以最高 5 万欧元的罚款，对公司处以最高年度营业额 10% 的罚款。5. 对俄罗斯军队俄军使用的货物实行广泛的贸易限制，包括技术、部件、重型车辆、电子产品和稀土。6. 禁止货物从俄罗斯过境，以降低制裁被违反的风险，并对俄罗斯橡胶和沥青进口欧盟实行限制。7. 制裁数十名个人和实体，包括俄罗斯政治家和军事人员，以及从事支持侵略乌克兰的宣传活动的媒体集团；一家出口俄罗斯石油的船舶的再保险公司；一家在英国注册的航运公司被指控利用其船只为俄罗斯运输被盗的乌克兰谷物。8. 限制俄罗斯国籍人士在欧洲关键基础设施和实体运营商担任管理职务

资料来源：EU authorized new sanctions against Russia. https://www.taylorwessing.com/en/insights - and - events/insights/2022/02/neue - eu - russland - sanktionen - im - zuge - der - ukrainekrise.

（二）美国对俄罗斯经济制裁的国内法律依据

美国经济制裁政策的制定、实施、评估等都有相应的法律基础，即使是由总统发起的以行政命令为主的制裁也有法律依据。随着美国经济制裁行为不断深化，美国逐步构建起以《联合国宪章》为名义支撑，以联邦基本法、专项性法案以及总统行政命令等为核心支撑的经济制裁法律体系。

1. 《联合国宪章》为美国实施经济制裁提供最初的法理依据

《联合国宪章》规定会员国遵循安理会的决议，并赋予安理会实施经济制裁的权力并"促请"会员国执行。因此，美国在较多情况下是以联合国安理会的决议发起金融制裁。但安理会决议是指导性而非强制性的，美国基本上是以联合国安理会决议作为对外制裁的"令箭"。部分制裁甚至违背了联合国安理会决议和《联合国宪章》，体现出美国单边主义的行为模式。

2. 联邦基本法为经济制裁提供了长期稳定和动态调整的制度保障

1917年的《与敌对国家贸易法》赋予美国总统自由裁量权，并禁止与敌对国家进行财政、金融和商业贸易，美国财政部据此制定了《外国资产管理条例》，明确可冻结相关国家资产；1976年的《国家紧急状态法》和《国际紧急经济权力法》授权美国总统可以在和平时期发起制裁，实现经济制裁与战争状态的脱钩；《出口管理法》和《武器出口管制法》等法律则为美国出口管制提供法律基础；1988年的《反海外腐败法》将非美国企业的境外行为纳入美国管辖范围，只要企业在合同中使用美元计价或通过设在美国的服务器收发、储存邮件（即"最低限度联系"），美国的司法机关就有权管辖；"9·11事件"后，美国国会以反恐为由出台《爱国者法案》，扩大了财政部等行政机构获取金融信息情报的能力。

3. 出台专项性制裁法案以维护制裁的"正当性"和"稳定性"

克里米亚危机后，美国颁布《乌克兰自由支持法》，规定对于破坏乌克兰局势的俄罗斯政府官员或其他人员采取制裁措施；2017年的《以制裁反击美国敌人法案》（又被称为《反击俄罗斯影响法》）明确了对俄实施经济制裁的条件、措施、解除及程序等具体内容，该法案不仅扩充了制裁内容，更是拓宽了制裁对象范围和制裁覆盖面。

4. 以总统行政令保证实施制裁的时效性

美国总统行政令无需通过听证程序，可直接指令联邦政府官员或机构采取特定行动，相关决议经过总统签署即可成为正式文件。由此，总统行政令可保障经济制裁措施在短时间内得到落实与执行。

（三）美国对俄罗斯经济制裁的组织架构

首先，美国以财政部为主导，联合国务院、商务部等部门共同构成制裁执行机构。美国财政部下设海外资产控制办公室（OFAC）和金融犯罪执法网络（FinCEN）。OFAC可以制定制裁清单和具体制裁措施，比如对美国司法辖区内的交易实施经济和贸易制裁、制定"特别制定国民清单"、禁止美国人与其交易、采取出入境管制以及追究相关法律责任；FinCEN则与全美各金融数据库均建立数据共享机制，可以分析金融交易记录和数据调查洗钱等金融犯罪活动，对可疑的美元转账行为，即使发生在美国境外，也可向相关银行索要可疑活动报告。美国商务部下设的工业和安全局（BIS）参与制定和实施有关商业技术和军事拘束的出口管制措施。美国国务院内设经济制裁政策与实施办公室，负责制定和实施有关外交政策的制裁行动。

其次，环球银行金融电信协会（SWIFT）和纽约清算所银行同业支付系统（CHIPS）构成美国实施经济制裁的基础设施依托。SWIFT是为全球的金融机构提供安全的金融信息传输服务；CHIPS则是全球最大的美元支付系统，承担全球95%以上的银行同业美元支付结算业务和90%以上的外汇交易清算。《爱国者法案》授予美国政府收集SWIFT金融数据信息的权利，由此，其能够追踪到制裁对象的国际收付信息，并追溯每一笔资金的来源。美国可以重点进行以支付清算为载体的隔离型制裁。美国财政部金融制裁框架下有SDN清单（美国特别指定国民清单）和非SDN清单（综合制裁清单）。综合制裁清单中最为重要的一类清单是外国金融机构通汇账户制裁清单（CAPTA）。一旦进入此类制裁名单，被制裁实体将会被美元支付结算体系"隔离"或"切除"，就无法进行涉及支付清算的绝大部分国际贸易与投资。这种制裁可以针对一家金融机构，也可以针对一个经济体的所有金融机构。

二、协调财政政策与货币政策以稳定经济

财政政策与货币政策的有效协调，是发展中国家实现国家治理体系与治理能力现代化的必经之路。从理论上看，财政政策和货币政策各有优势、彼此关联，并服务于熨平经济波动、稳定经济运行的调控目标，两类政策之间也往往具有协调的空间。当前，财政政策与货币政策协调还涉及财政部门与中央银行职能划分问题，在立足于市场在资源配置中的决定性作用与更好发挥政府作用的同时，不断探索兼顾两者目标的合作方式越发重要。

对于俄罗斯来说，货币政策的制定与实施离不开财政部门的参与，财政政策的作用也会受到货币政策实施效果的影响。一方面，俄罗斯财政部的决策对货币政策目标的制定、关键利率的调整以及货币政策的监督等均产生一定影响，财政与央行的磋商与配合可以在很大程度上提升政策的实施效率；另一方面，俄罗斯设立了财政稳定基金，并将其作为连接财政与货币政策的重要工具，对于维持通货膨胀的稳定发挥了不容忽视的作用。2022年2月俄乌冲突的爆发，给俄罗斯带来前所未有的制裁，俄罗斯在紧急大幅提升关键利率稳汇率的基础上，扩张财政支出保障民生与经济，央行配合财政出台了一系列反危机措施，暂时帮助俄罗斯度过了艰难时期。在财政与货币政策的作用下，俄罗斯逐渐改善了对经济与财政形势的预期，并称俄罗斯经济将于未来两年开始出现回升。

（一）俄罗斯财政对货币政策的制定具有重要作用

俄罗斯财政政策与货币政策的配合是基于政策目标的统一、影响对象的一致以及政策实施工具的协调来实现的。在这一过程中，不仅涉及财政与货币政策工具的相互影响，也体现在财政部与央行的配合推进，维持既

定的通货膨胀水平是俄罗斯财政与货币政策的共同目标。在政策实施过程中，俄财政部与央行会考虑其对公共债务、预算赤字等产生的影响是否一致，并通过不断地协商与配合推动政策执行、强化政策有效性。

1. 财政政策与货币政策工具的协调

俄罗斯财政的决策对货币政策的实施会产生一定影响。中央银行在确定关键利率等政策工具时，会考虑财政政策的实施情况及其对价格动态的影响，从而及时调整货币政策以维持既定的通货膨胀目标。除此以外，俄罗斯稳定基金作为对货币供应进行冲销的重要机制，是协调与连接财政政策与货币政策的重要工具。

（1）财政政策对货币政策的实施产生影响

俄罗斯财政政策对于货币政策的实施条件具有重要影响，中央银行会考虑财政政策来预测宏观经济、确定关键利率[①]。货币政策的实施需要考虑经济结构、经济增长率、商品和服务价格变动等情况，而国家的预算政策是影响价格动态的重要因素。财政预算失衡和预算支出的增加可能会带来严重的通货膨胀，财政政策的实施能够在一定程度上缓解通胀压力。俄罗斯中央银行在制定货币政策时会将这些因素考虑在内。

不仅如此，俄罗斯联邦财政部和经济发展部在拟定联邦预算草案以及财政政策时，也会考虑既定的通货膨胀目标以及货币政策对经济和价格动态的影响。在货币政策与财政政策的实施过程中，俄罗斯中央银行、财政部与经济发展部会持续沟通，定期举行联合会议讨论宏观经济预测、评估影响主要宏观经济指标的因素，沟通的一致性对于提高货币政策与财政政策的有效性具有重要作用。此外，俄罗斯实施的三年中期预算，有助于在全年更均匀地支出预算资金，这也有助于降低央行的货币供给对预算资金季节波动的依赖性。

---

① 关键利率是俄央行于2013年9月引入的货币政策的主要指标。在此之前，1992年1月1日—2013年9月13日俄罗斯一直使用的是再融资利率。2013—2016年期间再融资利率和关键利率这两个指标并存，但数值并不相同。比如在2014年底受欧美制裁的影响，俄罗斯关键利率飙升至17%，但银行获得资金的再融资利率仍低于10%。自2016年1月1日起，俄罗斯央行将再融资利率等同于关键利率，此后就只通过提高或降低关键利率来影响货币市场的利率水平，进而影响银行流动性水平、货币供应量、通货膨胀率和经济增长率等。

(2) 稳定基金是财政与货币政策的重要衔接工具

货币政策是基于流动性供给来管理市场利率,直接工具和间接工具的综合运用,可以显著提高货币政策的有效性。货币政策的措施应与财政政策措施相互配合。在俄罗斯,稳定基金的成立实现了财政政策与货币政策的有效连接与协同。一直以来,保障卢布币值稳定、维持目标通胀水平是俄罗斯货币政策的主要目标,而俄罗斯稳定基金是对货币供应进行冲销的重要机制,对于缓解通胀压力起到重要作用。

稳定基金是俄罗斯于2004年设立的联邦财政储备基金,2018年转变为国家福利基金。俄罗斯国家福利基金的资金主要来源于石油出口税与矿产资源开采税的超额收入(油气收入),是俄罗斯重要的外汇储备,主要以外币的形式存放于中央银行单独账户中。俄罗斯稳定基金的建立不仅发挥了使国家财富保值增值的功能,同时对稳定国内宏观经济也起到一定作用,由于基金的蓄水池功能,冲销了由石油美元增长带来的过多的货币供应量。俄罗斯财政部资料显示,2006年8月至2007年8月,俄罗斯国内货币供应量增长了51%,如果没有稳定基金,控制通货膨胀将会面临更大的压力①。

2. 货币政策离不开财政与央行的配合

俄罗斯央行在货币政策的制定与实施过程中,离不开财政的参与。一方面,财政部参与货币政策目标的确立;另一方面,以财政为主导的国家金融委员会需要对货币政策的实施进行监督与审查。

(1) 财政部参与货币政策目标的确立

俄罗斯货币政策的制定涉及联邦政府与央行的共同决定。根据俄罗斯《中央银行法》的规定,俄罗斯中央银行董事会与联邦政府合作制定国家统一的货币政策方向,并拟定货币政策主要方向的草案。在这一过程中,俄罗斯联邦政府与中央银行之间的互动十分频繁,这体现在两者不仅共同制定和实施统一的国家货币政策、以确保卢布币值稳定,央行还参与制定俄罗斯联邦政府的经济政策。俄罗斯央行和联邦政府共同履行国家重要职

---

① 李建民. 俄罗斯主权财富基金管理评析 [J]. 国际经济评论, 2008 (01): 53-55.

能，协调政策并定期举行磋商。

依据俄罗斯《联邦政府和联邦中央银行相互代表条例》[①]，联邦政府由联邦财政部、经济发展贸易部部长代表，参加中央银行董事会会议，中央银行则由行长代表参加联邦政府会议，并互相享有投票权。联邦财政部和经济发展贸易部部长以咨询投票的方式参加中央银行召开的董事会会议，会议由央行行长主持，至少每月召开一次。关于联邦政府债券的发行与偿还时间等事项，中央银行会征求财政部的意见，两者基于俄罗斯金融市场状况、银行系统情况与货币政策的优先事项等问题进行商讨。

（2）财政部的决定影响关键利率的调整

俄罗斯实施货币政策的主要工具是关键利率的确定，其间财政部的决定会对关键利率的调节产生影响。俄罗斯中央银行通过调整关键利率，以实现维持通胀率的政策目标。央行董事会每年八次确定关键利率，其中四次关键会议，每季度举行一次；四次中间会议，在关键会议之间举行。每次会议结束时，中央银行都会发布关于关键利率的新闻。在召开董事会议之前，俄罗斯央行需经过四个阶段：准备预测阶段、预测参数讨论、利率决策期以及决定日阶段。

其中，在预测参数的讨论时期，中央银行各部门专家需要对当前经济形势与发展前景进行全面评估，对关键经济指标评估的立场、预测情景的先决条件进行详细说明和商定；与此同时，俄罗斯中央银行会与财政部、联邦经济发展部的代表举行工作会议，讨论经济形势的关键因素、宏观经济政策措施及其对货币政策预测的影响。另外，在中央银行董事会的决策日当天，财政部与经济发展部代表将会出席会议，并可以关于正在审议的议题发表评论，包括相关的经济政策问题。在会议期间，董事会力求对讨论的最重要方面的和关键利率的决定达成共识。据俄罗斯中央银行表示，这一点对于俄罗斯来讲非常重要，因为俄罗斯中央银行坚持政策需要"统一的声音"，这对于经济关系参与者正确理解央行的决策与行动十分关键，

---

① 1994年，俄罗斯根据联邦总统法令《关于改善俄罗斯联邦银行系统运作》（第 N 1184 号），同时为更好实施货币政策措施，俄罗斯批准了《联邦政府和联邦中央银行相互代表条例》。

也会影响其对货币政策和通胀动态的预期①。

(3) 财政主导审查央行货币政策的实施

俄罗斯货币政策的制定与实施都应依照联邦法接受审查,这一审查过程交由国家金融委员会落实。俄罗斯国家金融委员会是国家对中央银行的活动与职能进行监督的机构,共由12名委员组成。目前,俄罗斯财政部长安东·西卢阿诺夫担任国家金融委员会主席,中央银行行长埃莉维拉·纳比乌琳娜担任其中委员,财政部副部长之一的阿列克谢·莫伊谢耶夫也担任其中委员。对于货币政策的审查,一方面,在货币政策制定前期,中央银行应将货币政策草案提交国家金融委员会进行审查;另一方面,在货币政策的实施过程中,国家金融委员会按季度审查俄罗斯银行贯彻落实国家货币政策的情况。

俄罗斯中央银行每年不迟于12月1日向国家杜马提交年度货币政策的主要方向。包含对俄罗斯经济发展状况的分析和预测,以及统一国家和货币政策的主要指导方针、参数和工具。统一国家和货币政策的主要方向草案将初步宣读给俄罗斯联邦总统和俄罗斯联邦政府。

此外,在某些问题上,未经俄罗斯联邦政府的批准,中央银行无法做出最终决定。如央行董事会在未事先通知联邦政府的情况下,不能发行新纸币和硬币、撤回旧纸币以及批准新纸币的面额等。

(二) 俄罗斯财政与央行的应对与反制措施

面对俄乌冲突引发的全面制裁,俄罗斯财政与央行配合采取了多项措施应对危机。其主要体现在以下三个方面:一是财政政策与货币政策协调以稳定汇率、保障民生;二是财政与央行配合落实临时资本管制,减轻卢布贬值压力;三是利用财政稳定基金应对紧急危机。

1. 财政政策与货币政策配合推进,在稳定汇率的同时保障民生

货币、经济政策选择的逻辑通常是:面对危机冲击时,首先需要稳定金融市场、抑制通胀,然后再逐渐改善生产、恢复供应链。2014年克里米

---

① Как принимаются решения по ключевой ставке. http://www.cbr.ru/dkp/how_dec/.

亚危机爆发后，当年 12 月 16 日卢布大幅跳水，俄央行立即将关键利率从 10.5% 大幅提高到了 17%，由此暂时稳定了汇率。因此，加息再次被认为是俄央行处理此次卢布危机的首选项之一。面对此次危机，俄罗斯的应急举措是以央行稳汇率的基础上，财政推进保民生、救企业的措施。

一方面，为了防止经济因极限制裁而停摆甚至崩溃，俄央行在卢布汇率快速下挫时做出了迅速反应，于 2022 年 2 月将关键利率从 9.5% 上调至 20%，创下近 20 年来的新高（见图 6-1）。关键利率的上涨带动存款利率的上升，会使民众的储蓄免于贬值。同时，俄央行的这一举措在成功阻止卢布暴跌的同时，也在一定程度上防止了大规模资本外逃和银行挤兑的发生。随着卢布不断升值，俄央行逐步下调关键利率，以降低贷款成本，从而有助于恢复供给。2022 年 7 月 22 日，俄罗斯将关键利率下调至 8%，已基本降至冲突爆发前的水平。预期通货膨胀率的下降是俄罗斯下调关键利率的重要原因。在经历了 2022 年 4 月 17.8% 的高通胀后，俄罗斯年通胀率于 2022 年 6 月末下降至 15.9%；俄罗斯对 2022 年底通胀率的预期为 12%—15%，对 2023 年平均通胀率的预测则由 4 月的 6.8%—10.4% 大幅下调至 4.3%—7.5%①。

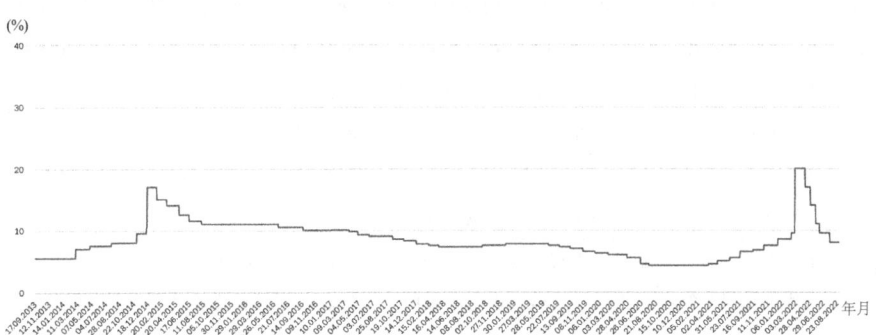

图 6-1　俄罗斯关键利率变化动态

资料来源：俄罗斯中央银行网站，https：//cbr.ru/hd_base/KeyRate/.

---

① Перевышин Ю. Н., Трунин П. В.. ДЕНЕЖНО - КРЕДИТНАЯ ПОЛИТИКА И ИНФЛЯЦИЯ В ИЮЛЕ 2022 ГОДА. https：//www.iep.ru/ru/monitoring/denezhno - kreditnaya - politika - i - inflyatsiya - v - iyule - 2022 - goda.html.

另一方面，在稳定汇率的基础上，财政出台一系列保民生与救企业的措施。包括对企业组织和个体企业家采取财政支持、对增值税与所得税实施税收优惠等（见表6-2）。在提高工资水平与生活保障的同时，俄罗斯实施一揽子举措救助中小企业的措施，包括降低贷款利率、税收减免等，并拨款5000亿卢布用于为中小企业发放贷款，以降低企业违约的可能性。

表6-2   2022年俄罗斯反危机财政措施

对于企业组织和个体企业家的重点支持措施
1. 批准《关于在制裁下促进俄罗斯俄罗斯经济稳定的政府委员会条例》，于2022年3月10日生效。该委员会是一个协调机构，旨在确保联邦和地区行政当局、地方政府和组织的协调行动，以制定和实施措施，在面临制裁时提高俄罗斯经济的稳定性
2. 继续实施优惠贷款计划，2022年额外拨款超过62亿卢布用于实施优惠贷款计划
3. 支持工程项目和创新。俄罗斯非盈利组织"工程与创新中心"获得预算支持。2022—2024年，高科技创新的中小企业可以获得优惠贷款支持
4. 实施投资者支持措施。对于技术设备、零部件和原材料等的进口给予关税优惠
5. IT企业支援措施。（1）从2023年1月1日起，俄罗斯为IT行业的发展创造额外的税收条件，包括针对人工智能领域购买无线电电子按设备和计算机等实施投资税收减免。2022—2024年，降低无线电电子行业的所得税税率。（2）为部分IT公司设置零所得税率；（3）扩大适用于优惠保险费率的IT公司范围等。（4）俄罗斯联邦总统制定了一系列加速信息技术产业发展的措施，其中包括简化外国公民（IT专家）的就业程序；IT公司专家与员工可以在一定条件下申请优惠抵押贷款，对于不超过既定限额①的贷款部分，年利率最高为5%
6. 为部分行业提供财政补贴，如信贷机构、工业部门、贸易组织、医疗器械行业等
7. 为中小企业提供支援措施。包括延期偿还贷款、提供优惠贷款、支持个体经营者等。莫斯科政府拨款70亿卢布，用于实施中小企业优惠贷款计划
8. 对农业和其他食品行业提供支持。（1）对农业生产者实施优惠贷款计划，扩大优惠范围；（2）为农业提供预算拨款；（3）支出120亿卢布用于支持农业机械优惠租赁计划；（4）增加向联邦主体的转移支付，用于联邦主体对粮食作为生产者的财政支持等
9. 为运输领域提供补贴。俄罗斯联邦政府下令从2022年预算中拨款167亿卢布，用于支持信贷机构为交通综合体提供贷款；并向联邦航空运输局分配1000亿卢布补贴，以减缓国内航班的运营成本。此外，俄罗斯额外分配29亿卢布预算拨款，为开展货运的俄罗斯航空公司提供运营费用报销补贴等

---

① 对于人口不超过100万人的联邦主体，限额为900万卢布；除此以外的限额为1800万卢布。

续表

税收支持重点措施
1. 免增值税的范围扩大。（1）2022年1月1日起，连接配气管网的居民用气设备所产生的燃气无需缴纳增值税，前提是根据联邦政府的规定，将这些燃气用于满足与商业活动无关的居民家庭需求。提供社会用气的纳税人在购买工程、服务时缴纳的增值税进项税额可以抵扣，进口增值税的规定也与此相同，等。（2）除俄罗斯联邦税法典第149条规定的免税清单以外，对部分活动也予以增值税减免。①自2022年10月1日起，对于尚未形成法人实体的外国组织，与其2021年12月31日之前负责人（或创始人）之间的财产（现金除外）转移，免征增值税和个人所得税；②俄罗斯银行向银行或个人（2023年12月31日前）出售已加工的天然钻石，免征增值税等
2. 为工程、运输和公共基础设施领域提供所得税优惠，以及财政补贴等
3. 2022—2023年，俄罗斯企业和个人企业家可以申请退还增值税
4. 对贷款和债务融资的税收优惠。如，自2022年10月1日起，对于以贷款方式进行融资的交易以及据此进行的债权转让免征增值税
5. 2022年，税务代理与经纪人在进行以下转让活动时不代扣个人所得税：（1）在相关经纪协议下，客户于2022年将资金转移给经纪商；（2）证券从客户的账户转移至税务代理人的账户或纳税人的另一个存款账户
6. 对于企业财产税，2023年1月1日起录入的地籍价值大于2022年1月1日录入的值，则以2022年的价值作为税基
7. 对于土地税，2023年1月1日起录入的土地价值大于2022年1月1日录入的值，则以2022年的价值作为税基
8. 降低水资源使用费、减轻交通运输税等
9. 放宽了税收罚款、缴税期限等规定

资料来源：http://www.consultant.ru/document/cons_doc_LAW_411198/.

2. 财政与央行推行临时资本管制，进一步缓解卢布贬值压力

面对西方制裁层层加码，俄罗斯财政部和央行围绕增加外汇供给、限制外汇需求这两个目标采取了一系列措施。这些举措既有利于减少俄罗斯国内市场对外汇的需求，也限制了国内资金的外流，减轻了卢布贬值的压力，使卢布汇率在经历了初期震荡后，形成了V形反弹走势。

第一，俄罗斯动用外汇储备并实施强制结售汇干预外汇市场，提振卢布价值。在美欧等国对俄罗斯实施制裁后，俄央行和财政部宣布，由于自身干预货币市场的能力受到限制，命令包括俄罗斯天然气工业股份公司和俄罗斯石油公司在内的出口公司出售 80% 的外汇收入给俄罗斯央行。随后，俄罗斯央行利用可动用的 3400 亿美元外汇储备和上述强制结售汇的外汇收入干预外汇市场，保证和加大市场外汇供给，也有效地提振了卢布价值。

第二，限制对外汇的需求。俄政府针对外国居民颁布法令，禁止外国客户从俄罗斯金融体系中提取美元等主要外币现金。而对于本国居民，则要求禁止根据贷款协议向非居民提供外币；禁止将资金转移到自己的外国银行账户，并将居民从外币银行账户中提取美元的额度限制在 1 万美元以内。

第三，俄罗斯央行对非居民实施一系列业务禁令。例如，暂停证券交易商接受外国投资者出售俄有价证券的委托，使外国投资者无法交易手中的俄罗斯资产（无法抛售）；要求只有在政府委员会允许的情况下，才能向"不友好国家"的债务持有人支付俄罗斯的公司债务和政府债务。这些措施使数百家外国公司无法从俄罗斯提取利润，相当于对资本流动实施了限制，切断了资本外流的渠道，从而限制恐慌性抛盘以及外资逃逸①。

第四，将卢布锚定黄金，为卢布价值提供官方背书。在美欧等国冻结俄罗斯美元计价的外汇储备、海外资产后，俄罗斯将黄金选作美元的替代品。俄央行宣布 3 月 28 日至 6 月 30 日之间，固定 5000 卢布兑换黄金，实际上是官方承诺卢布锚定黄金。同时，俄罗斯央行还承诺确保当地黄金的供应和不间断生产，大大提振了市场对卢布的信心②。

3. 临时调整财政稳定基金使用规则，利用超额油气收入应对危机

俄罗斯稳定基金（即国家福利基金）作为财政稳定机制的重要工具，对于帮助货币政策实现其通胀目标发挥了不容忽视的作用，是连接财政政策与货币政策的关键。一直以来，俄罗斯财政部对于国家福利基金的使用都持较为保守的态度，认为基金应当作为国家的重要储备谨慎支出，且俄

---

① 刘军梅. 俄乌冲突背景下极限制裁的作用机制与俄罗斯反制的对冲逻辑 [J]. 俄罗斯研究，2022（08）.

② 倪淑慧，杨盼盼. 俄乌冲突之后的卢布走势. https://baijiahao.baidu.com/s?id=1736835020229741452&wfr=spider&for=pc.

罗斯的债务水平较低，在不支出基金的情况下俄罗斯也能应对困难。由此，即使俄罗斯在经历了2020年疫情冲击后，储备基金的规模仍保持在GDP的12%左右，这一水平处在历史的高位。

然而，俄乌冲突以来，西方国家对俄罗斯的制裁加剧，俄罗斯财政经济形势面临严峻考验。为应对西方在能源方面的制裁，俄罗斯紧急调整国家福利基金的规则，将超额油气收入暂停计入国家福利基金，以维持财政状况平稳过渡。不仅如此，俄罗斯继续动用基金中的财政储备，为联邦财政填补赤字。根据俄罗斯2023—2025年中期预算草案，未来三年俄罗斯扩大国家福利基金支出的可能性较大，期间联邦政府的预算赤字将主要由国家福利基金进行补充。

三、在"去美元化"进程中逐步打造"强势卢布"

由于多年受到西方的制裁，俄罗斯的反制措施注重提前布局，在坚持推行"去美元化"的进程中，利用能源禀赋打造"强势卢布"。同时，俄罗斯不断完善金融市场基础设施建设，以减轻其金融体系对SWIFT系统的依赖。

1. 坚持推行"去美元化"进程

2014年克里米亚危机后，俄罗斯开启"去美元化"进程，并实施"转向欧元"政策。俄罗斯在文化上一直有回归欧洲大家庭的愿望，加上其与欧盟国家存在紧密的能源合作关系，在巩固和加强欧元地位、去美元化的问题上，俄罗斯与欧盟国家在一定程度上存在共同利益和默契。为此，俄罗斯在对外贸易和能源合作中积极使用欧元结算，促进国际支付体系中以欧元替代美元的趋势。2018年，俄罗斯进一步加速"去美元化"进程，至2021年外汇储备的币种构成中美元占16.4%，且仍在下降，在俄罗斯的外汇储备币种中仅居第四。到2022年2月前，美元资产在俄罗斯外汇储备中的比重已降至10.9%，而欧元在俄罗斯外汇储备中的比重已超过30%。俄乌冲突后，美欧联手对俄实施制裁，俄欧关系逐渐对立，围绕天然气供给展开博弈。天然气价格急剧上涨造成欧洲国家经济生活成本上升，通胀加剧，欧元汇率暴跌，俄罗斯"转向欧元"的政策难以为继。

2. 利用能源禀赋打造"强势卢布"

早在2006年，俄罗斯就宣布卢布可自由兑换。俄罗斯政府希望，卢布将来能成为世界各国的储备货币之一，成为国际贸易的结算工具。多年来，俄已完成所有准备工作。俄政府先是对公民放开了卢布自由兑换外汇的数量，提高了允许出境携带卢布的数量，然后又允许公民在国外银行开设账户。尽管过程中卢布汇率多次出现较大波动，但俄罗斯坚持卢布可自由兑换的地位成为破局的基础。2022年3月31日，普京总统签署了一项关于"不友好国家"以卢布进行天然气贸易结算的法令，并于4月1日生效。根据该法令，天然气购买者需要在俄罗斯天然气工业银行开设特殊货币账户与专门的卢布结算账户，并将美元或欧元汇入特殊货币账户，随后俄罗斯天然气工业银行在莫斯科交易所将其货币兑换成卢布，并存入购买者开设的卢布结算账户，用于支付天然气费用。该法令出台之前，欧洲购买者只需将美元或欧元转入俄罗斯出口商在欧洲的银行账户，而现在所有交易都是在俄国内银行的账户上进行，因此能在一定程度上避免资金被冻结的风险。"卢布结算令"是对美欧等国家禁止俄罗斯使用欧元、美元、英镑和日元结算出口商品的有力反制，不仅避免卢布被抛售，还大大增加了外汇市场对卢布的需求；同时该结算令实际上是将卢布与天然气等大宗商品挂钩，大大支撑了卢布的强势反弹。但是，卢布在特殊背景下作为能源的支付货币，如何保持汇率的持久稳定尚不明确，在俄罗斯被西方国家孤立的背景下如何进一步扩大卢布的接受程度仍将面临严峻的考验。

3. 不断完善金融市场基础设施建设

发达国家的金融市场基础设施在维护金融体系稳定、免受制裁方面发挥了巨大作用，由此，完善金融基础设施有助于俄罗斯减少经贸活动中对西方国家的依赖。俄罗斯于2014年创建国家支付卡系统，俄中央银行开发了金融信息传输系统（SPFS系统），境外参与者也可与SPFS系统进行连接，以此在境内取代SWIFT结算体系。俄罗斯支付卡系统可以正常处理俄境内支付卡交易业务，受制裁银行发行的国际支付系统卡在俄境内也可正常使用。俄乌冲突爆发后，西方国家将俄罗斯主要银行排除在SWIFT结算体系之外，极大促进了 SPFS 系统的发展。据俄罗斯央行透露，2022 年有 50 家新实体加入了俄罗斯的替代支付系统，使其总数达到 440 家，其中超 100 家是非居民实体。可以说，俄罗斯的金融信息系统减轻了其对 SWIFT 结算体系的依赖。

四、俄罗斯的反制措施取得有益成效

美欧等国对俄罗斯海外资产的制裁意在迫使其发生资金融通困难，甚至社会动荡。而俄罗斯的"卢布结算令"直接对以美元为主导的国际货币体系发起挑战。在一系列反制措施下，俄罗斯财政与经济的表现好于预期，在一定程度上有效应对了西方制裁。

（一）宏观经济运行逐步稳定

1. 俄罗斯经济衰退程度远好于预期

2022 年俄罗斯 GDP 下降了 2.1%，低于 2020 年新冠时期的降幅 3%，2022 年底 GDP 总量为 92 万亿卢布。这一形势好于俄罗斯与多个国际组织的预期。俄罗斯银行预测 2022 年俄罗斯 GDP 将下滑 2.5%，俄经济发展部预测下滑 2.9%，IMF 则预测 2022 年俄罗斯 GDP 下滑 3.4%。一些国际组织预计 2023 年俄罗斯 GDP 增速有望转正。

2. 财政压力暂且可控

从财政盈余/赤字占 GDP 比重来看，2022 年第一第二季度，俄罗斯财政盈余占 GDP 比重分别为 1.11% 和 0.87%，创近 2 年新高。2022 年第三第四季度俄罗斯财政赤字有所增长，但 2022 年全年俄罗斯财政赤字为 3.3 万亿卢布，占 GDP 比重为 2.3%，远小于 2020 年财政赤字水平。

（二）卢布走强加快美欧货币替代进程

1. 贸易顺差给卢布带来过度升值压力

俄罗斯采取"卢布结算令"措施后，卢布汇率在 2022 年 4 月 8 日恢复至制裁前水平，但强劲的贸易顺差和对资本流动的限制给卢布带来"过度"升值的压力。一方面，在制裁环境下，俄罗斯进口萎缩，能源价格上涨推升出口贸易，高额的经常账户盈余增加外汇流入。另一方面，大范围的临时资本管制导致外汇流出减少。双重因素下，卢布延续走强趋势，成为2022年以来表现最佳的新兴市场货币之一。

2. 部分新兴市场国家货币将部分替代美元、欧元

美欧金融制裁增加了西方进出口商与俄罗斯企业进行贸易往来的结算风险。"不友好"国家和地区的临时资本管制，使俄罗斯天然气出口结算中卢布比重迅速提高，而美元和欧元的使用比例下降。部分新兴市场国家货币将逐渐发挥对美元、欧元的替代作用，这是制裁与反制裁共同作用的结果。俄罗斯央行2022年《金融稳定报告》显示，人民币在俄罗斯外汇现货交易中的占比明显上升，从2022年1月的0.5%上升到2022年4月的7%。

3. 仍有充足的外汇储备偿还外债

即使欧美冻结了俄罗斯3000亿美元的外汇储备，俄罗斯仍有充足的外汇储备来偿还外债。根据俄罗斯联邦审计署的说法，俄罗斯是20国集团中债务率最低的国家，考虑到积累的储备，俄罗斯联邦的外债目前处于安全水平。此外，在美国试图通过禁止俄罗斯以美元偿还外债的情况下，俄罗斯以卢布偿债来回应。由于卢布不断走强，且在"卢布结算令"实施后，欧洲国家缺乏相应的卢布获取手段，以卢布支付债务有可能使欧洲国家增加获得卢布的渠道。

（三）反制措施蕴含新的机遇

第一，制裁或将助推俄罗斯支付和金融信息系统的发展。俄罗斯国际事务委员会专家认为，西方媒体夸大了禁止俄罗斯使用SWIFT结算体系对俄罗斯经济的威胁，该措施并不会对俄罗斯产生大规模影响。俄罗斯拥有自己的银行间电子信息传输系统——俄罗斯银行的金融信息传输系统（СПФС），以及自己的银行卡"和平卡"（МИР）支付系统，该系统还与中国银联系统对接，可用于跨境支付和转账。两个平台都对外国合作伙伴

开放，已经在国内、国际结算中广泛使用。从中长期来看，禁用SWIFT结算体系或将有利于俄罗斯本土支付和金融信息系统的发展，帮助俄罗斯尽快完成外汇储备的去美元化，用黄金代替美元、欧元、英镑。

第二，强化与欧洲的资源和能源联结或成为俄罗斯反制裁的重要工具。2021年俄罗斯石油出口量达到2.39亿吨，占世界市场的20%；天然气出口量达2035亿立方米，占亚洲和欧洲消费量的25%；俄罗斯以13.4%的份额在全球镍市场排名第一，生产该金属占全球消费量的20%；以4.9%的份额在全球黑色金属市场排名第五，在全球铝市场以3.3%的份额排名第六。此外，俄罗斯在肥料出口方面居世界领先地位；在煤炭储量方面，俄罗斯以1620亿吨（占世界储量的16.6%）位居世界第二。就石油和天然气总储量而言是其他国家无法比拟的。对俄罗斯能源的制裁可能会打击到严重依赖俄罗斯能源进口的欧洲国家。俄罗斯智库称，俄罗斯的能源产业受到的压力尚在可控范围之内，能源依然是俄罗斯与西方博弈的重要工具。

第三，倒逼俄罗斯产业调整，一些产业或将获得大的发展机遇。俄罗斯对全球金融体系的依赖程度远低于西方，自2005年以来，俄罗斯联邦一直是金融资源的净输出国，每年向全球提供数百亿美元的资金，所有这些对世界经济的输出将在国内得到更有效的使用。此外，受西方一系列进出口限制措施的影响，俄罗斯将更加注重国内脆弱产业的发展。此前，西方国家由于克里米亚事件曾颁布了一系列限制俄罗斯进口食品的措施，但这些措施并没有对俄罗斯产生实质性的影响。相反，极大地促进了俄罗斯国内农业生产的发展，如今俄罗斯几乎完全取代了禽类和肉类进口。

五、总结与启示

美国主导的对俄制裁主要体现在金融、贸易、能源和科技四个方面，其中俄罗斯金融领域最为薄弱，受影响也最大。我国经济与俄罗斯相比，一是金融机构能力同样不足；二是中国是头号能源进口大国，能源对外依存度居高不下；三是民用科技相对自主，但尖端军事科技仍依赖与相关国家的合作。分析制裁对俄罗斯的影响，有如下启示：

第一，密切关注西方对俄罗斯制裁引起的全球风险变化和传导，减少被"殃及"带来的损失。首先是供应链体系会受到较大冲击，从高科技、重要原材料、能源到交通的全球统一市场将变得更加分裂。其次是俄罗斯能源以及俄乌两国的粮食出口受挫等因素将大幅度提升全球大宗商品上涨预期，由风险和不确定性推动的成本上涨对我国企业生存和经济运行带来严峻挑战，必须采取措施有效应对。

第二，提高金融体系效率与竞争力。加快金融市场化改革步伐，增强金融服务国家发展的能力。完善利率市场化形成机制，疏通融资和投资渠道。进一步完善金融监管体系、提升监管能力，以更好匹配金融创新水平，进而更好地应对发达国家高维度的金融竞争。俄乌冲突给当前国际货币体系重构带来重大机遇，应借此积极推动人民币的国际化，提升我国在国际金融体系中的掌控能力。

第三，加强资源安全，重点是维护能源安全。加强与能源出口国和能源运输线路国家的友好关系，避免能源制裁成为掣肘我国发展的瓶颈。当前和未来相当长一段时期内，我们仍需利用好国际、国内两种资源，继续"走出去"参与跨国能源合作，积极参与世界油气资源的开发和利用，形成强大的资源组织能力。

第四，进一步强化与西方"你中有我，我中有你"的经济联系。西方国家对俄罗斯能源实施了严厉的制裁，然而西方的能源合作与俄罗斯有着密切关系，使得其在对俄能源制裁中"杀敌一千，自损八百"。鉴于此，我国不但不要与西方脱钩，还应深化与西方的经济联系，积极推进全球伙伴关系网络构建，积极推动一些以自己为主导或主要参与的国际制度建设，形成更为紧密的国际合作网络。

第七章　俄乌冲突背景下俄罗斯启动战时财政经济动员

战时财政经济动员，是指发生战争背景下国家将国民经济与财政管理体制全部或部分地从平时正常状态转入战时特殊状态，以充分挖掘、有效发挥国家财政经济潜力，保障战争需要。俄乌冲突已持续一年多，随着"特别军事行动"不断延续、升级，以及随之而来的西方国家不断加码的全方位制裁，俄罗斯在国内实行"部分军事动员"的同时，陆续出台了一系列财政经济动员措施，旨在确保国防物资供应、兵员补充等战争所急需的财政支撑。俄罗斯联邦财政部除动用联邦预算稳定基金存量弥补因战争形成的预算缺口外，还对该基金原有计提办法进行调整——暂停从油气收入中计提预算稳定基金。在2023—2025年中期预算法案中，俄罗斯规划了创历史记录的国防支出，总额达13.8万亿卢布。2023年，俄罗斯国防和国家安全支出超9万亿卢布，与2021年相比增长了60%。

一、以财政经济动员满足国防企业物资需求

2022年9月21日，俄罗斯总统普京发表讲话，决定在俄罗斯联邦进行部分军事动员，责成各地区首长对特别军事行动提供一切必要协助，要求军工企业解决武器装备增产、扩产等任务，联邦政府应全面统筹解决国防企业的物资和财政保障问题。

(一) 通过调整采购政策引导企业为军事行动服务

在战时背景下,俄罗斯调整政府采购政策,为武装部队提供必要的设备、武器以及后勤支持。2022年夏季,俄罗斯对政府(国防)采购相关法律进行修订,规定政府若向企业派发国家订单,企业必须转产军品。7月14日,普京总统签署了两项相互关联的战时财政经济动员法案,分别是联邦法《关于俄罗斯联邦某些立法的修正案》(第272-Φ3号)与《关于俄罗斯联邦劳动法典的修正案》(第273-Φ3号),以支持政府在乌克兰的"特别军事行动"。根据联邦法《关于俄罗斯联邦某些立法的修正案》,在特别军事行动期间,俄罗斯武装部队可以要求企业为军队修理武器、军事装备并提供物质和技术支持,主要包括:①临时恢复动员能力和设施;②投放国家储备物资,包括库存的铝等金属、弹药、罐头食品等,免费提供给武装部队,以利于特别军事行动期间布置的紧急任务;③个别生产领域引入特别管制规则;④由统一供应商提供国防订单;⑤任何企业与组织在必要时须签订国家合同,确保在国外进行反恐主义和其他行动(详见表7-1)。

俄罗斯调整采购政策的目的,是在缺乏必要商品和服务进口的情况下,提供在境外开展军事行动所需的一切物资。当前,俄罗斯对武器和设备的需求量较大,国防工业企业需为此全天候工作。对于具有动员潜力的中小企业,国家将重新开放使用这些企业的闲置资产,并适时召回已退休的专家。此外,不仅俄罗斯的军工企业需要全力运转,民用企业也必须优先保障特别军事行动,甚至可能转产各类军事物资。2022年10月,俄罗斯成立协调委员会,专门满足联邦武装部队、军事机构的需求,为实现战时财政经济动员提供支持。2023年初,俄罗斯政府又规定各领域的企业都需在必要时服务于国防订单,如制鞋企业将生产军靴,卡马汽车制造厂等汽车制造商负责生产坦克等。在西方国家于俄罗斯边境附近建立军事存在、加大对俄罗斯制裁和增加对乌克兰军事援助的背景下,俄罗斯出台并通过战时财政经济措施的相关法案显得更加必要。

表 7-1　　2022—2023 年俄罗斯战时财政经济动员主要措施

调整公共采购与国防秩序
1. 为了开展特别军事行动，允许购买进口产品。联邦国有企业可以根据军事当局的要求购买和免费转让军民两用物品、无人机、无线电通信、电子产品、夜视仪、热成像双筒望远镜和瞄准具、无人机检测工具、药品和医疗产品、制服等。
2. 从统一供应商处购买商品、工程和服务，以执行特殊任务或军事防御；扩大允许从供应商采购商品、工程和服务的客户范围，以执行特殊任务确保国家安全（包括反恐行动）；上述采购不受年交易量上限 5000 万卢布的限制；可与统一承包商签订国家物资资产储存服务合同；在 2023 年 12 月 31 日前，客户从供应商采购用于提供国家物资储备服务和执行动员准备工作的产品和服务时，经双方同意，允许更改与主要供应商签订的关于执行动员准备工作的合同基本条款。
3. 为了提升武装部队的决策速度，计划在采购实施、监管方面，以及在军事产品的接受者和制造商之间建立部门间互动监管与反馈机制。
4. 俄罗斯内务部、联邦安全局、非常局势与救灾事务部、联邦调查局、对外情报局、联邦监狱管理局、俄罗斯卫队、俄罗斯总统特别计划总局有权从唯一的商品、工程和服务供应商处为特别行动的需要进行采购，该方案将使参与特殊军事行动的单位快速采购弹药和其他物资，及时修复军事装备，并执行国家安全相关的其他任务。
5. 批准并维护在采购名单之列的军品供应商，包括工业和贸易部批准的与军事产品相关的开发商与制造商。
6. 一些地区和城市的客户可以购买已加工和未加工的木材用于特别军事行动。除国防部授权的机构外，非常局势与救灾事务部、内务部、联邦监狱管理局的分支机构、国民警卫队的分支单位以及联邦安全局的分支机构也可以发送购买申请。
7. 政府允许提前签订 2022—2024 年的国家合同，为国防需求提供至少 80% 的工业产品。
8. 简化企业为执行国防命令而转让军用产品的程序。
9. 明确计划和采购的特殊性，以确保国家在实施戒严令的地区开展活动等
暂缓部分行业员工服兵役以支持国家动员计划
1. 军工联合体的员工；
2. IT 企业的员工，包括参与解决方案的开发、实施、维护和运营，并确保信息基础设施正常运行的企业员工；
3. 参与确保通信设施、数据处理、公共通信设施和线路稳定运行的电信运营商员工；
4. 信息和通信领域主要单位的员工，以及相关人员，包括注册媒体的创始人、编委会人员、出版商、电视频道、广播公司、参与媒体产品制作和分销的人员；
5. 确保国家支付系统、金融市场基础设施、银行流动性管理、现金流通稳定运行的金融公司员工等

续表

延长相关企业雇员劳动时间以满足军事需求
1. 雇主有权要求雇员在周末或节假日加班,并有权在超出现行法律规定且未经雇员同意的情况下召集工作。
2. 在现行《劳动法》规定下,雇主可以让雇员参与执行"紧急情况下的紧急工作",包括抗击灾害、戒严、突发事故等。
3. 雇主有权对累计超过 28 天的假期不进行金钱补偿。
4. 加班工作量超出当前限制。
5. 如果员工休假在当前工作年度对企业活动产生不利影响,则考虑推迟雇员年假计划。
6. 至少提前一个月通知员工轮班时间表。
7. 建立少于 42 小时的每周不间断休息制度等
动员期间对军人采取支持措施
1. 设立特别国家基金,为阵亡战士和退伍军人的家属提供有针对性的援助。此外,还为国防工业企业员工推出优惠租赁住房特别计划。
2. 俄罗斯银行的外地机构和信贷组织将工资和其他款项转移给军方,这一行动由政府批准。
3. 对位于新界并因敌对行动而损失或损坏的住房提出赔偿建议。
4. 新转业到国防工业企业的员工,国家将提供补偿。
5. 从储备基金中拨款近 2.3 亿卢布,为参加特别军事行动的军事人员提供医疗服务。
6. 在特别军事行动期间,恢复向暂停服兵役者支付养老金。
7. 2023 年,对在服役中受伤的军事人员和执法人员的付款进行调整。
8. 确定在国民警卫队部队服兵役的军事人员和警察在执行保护国家边界任务时受伤或死亡的付款金额;在对以上人员分配养老金时,服务一天将计为两天。
9. 在俄罗斯卫队服役并在宣布动员一年或更长时间后签订合同的军人,将一次性获得 19.5 万卢布的现金支付。
10. 对参与特别军事行动的承包商及其家庭成员免征个人所得税和保险费。
11. 放宽服兵役要求,此前被认定为因身体原因不适合服兵役的士兵可以继续服兵役,并给予国家奖励。同时,当因军伤退役后,可以立即获得 200 万卢布的一次性津贴。
12. 从 2022 年 10 月 1 日起,对于军人养老金领取者、某些执法机构的前雇员及其家庭成员,在计算养老金时考虑的货币津贴金额从领取总额的 77.41% 增加到 85.47%。2022 年 6 月 1 日至 10 月 1 日,军人抚恤金月补助为 19.5%(原为 8.6%)。

资料来源:Специальнаявоеннаяоперация, мобилизация 2022 – 2023(подготовленоэкспертамикомпании "Гарант")。https: //base. garant. ru/77188369/#friends.

（二）通过修订劳动法规满足战时劳动力需求

特别军事行动显著增加了国防工业企业的负担，为保障前线物资的供应、优化企业工作流程，俄罗斯对现行的劳动法进行了调整。根据联邦法《关于俄罗斯联邦劳动法典的修正案》，俄政府重新规范法定劳动时间以及特定公司的休息日，强制相关企业为了军事需求延长劳动时间并取消休息日，并给予加班员工更高报酬，以解决一些工业企业中专业人员短缺的状况（见表7-1）。俄罗斯出台该法案的主要目的包括：①确保国防工业工厂的不间断运营，生产军事行动所需产品的特定工厂可以三班倒工作，从而不会中断供应或因违反劳动法而被追究责任；②规避"受制于人"的风险。20世纪90年代初，俄罗斯曾遭遇国内政治经济形势剧烈动荡，第三方工厂试图通过不友好行为、停产、利用员工制造劳资纠纷等方式，从外部控制国防工业企业。因此，为防止重蹈覆辙，该法案还旨在降低此类风险。

在局部动员之下，俄罗斯的服装业和金属业产量大幅上升。2022年10月，服装和金属产业制造量分别增长近5%和12%。俄罗斯生产的服装，大约80%是专用服装和制服；而金属产品的增加与军事准备也有较大关系。俄罗斯军工企业现在正为国家订单实行四班倒工作制，这些企业通常是本地的中小企业，例如，多姆韦尔公司平时主要生产居家纺织品，现在则开始生产睡袋、雨衣、面罩和头盔。除服装和弹药制造以外，俄罗斯的医药、物流和通信技术等服务型企业也可能被动员，但这些行业可能需要数年时间才能开始生产，因为可用于军事行动的高新技术企业面临专业知识短缺的严峻考验。

（三）通过完善优抚福利政策支持战时兵源扩充

俄罗斯一向重视军人待遇，联邦财政不仅在国防事业上有大规模投入，更是在军人待遇方面给予诸多特别支持。在此次局部动员行动中，俄罗斯召集约30万预备役人员，即从目前的200万预备役人员中征召30万人补充到军队。对此，普京总统在讲话中说明，将被征召服兵役的人员，是指那些正在预备役中、尤其曾在武装部队中服役、有一定军事专业和相关经验的公民。

对于参加俄乌战争的军人，俄罗斯政府采取了一系列优待措施：①设立特别国家基金，为参战军人提供援助与支持，包括从储备基金中拨款2.3亿卢布，为军人提供医疗服务；②参战军人可以享受免费住房，在军队往返乌克兰战场期间，为解决参战军人家庭的住房问题，俄罗斯政府向参战军人提供了免费住房；③参战军人将获得双份养老金；④前往乌克兰参战的军人将享受"卫国战争老战士"待遇，参战军人的壮举和成就会得到国家和社会的认可和崇敬（见表7-1）。

二、基于预算稳定基金构建战时财政保障机制

俄罗斯于2004年设立联邦预算稳定基金，将石油价格超出一定标准后形成的超额油气收入计入稳定基金，待油价下跌造成税收短收以及其他突发危机之下调入资金补充政府预算。随着国际油价上涨，该基金规模一度达数千亿美元，占GDP的比重最高时达12.8%。几经改革整合，现称"国家福利基金"，构成俄罗斯重要的财政储备资源。俄乌冲突以来，西方国家对俄罗斯的制裁不断加剧，俄罗斯财政经济形势面临严峻考验。为应对西方在能源方面的制裁，俄罗斯紧急调动财政储备，采取一系列措施，以期利用国家福利基金维持财政状况平稳过渡。

（一）俄乌冲突后俄罗斯国家福利基金小幅收缩

2022年以来，俄罗斯国家福利基金规模有所下滑。同年12月，基金规模为113895亿卢布，相比于年初减少了16%；占GDP的比重为8.5%，同比下降1.8个百分点。进入2023年后，基金规模进一步收缩，占GDP的比重也持续下滑。同年2月，国家福利基金规模为108076亿卢布，同比下降20.6%，环比实现小幅增长3.6%；其占GDP的比重为7.2%，同比减少3个百分点（见图7-1）。

第七章　俄乌冲突背景下俄罗斯启动战时财政经济动员 | 149

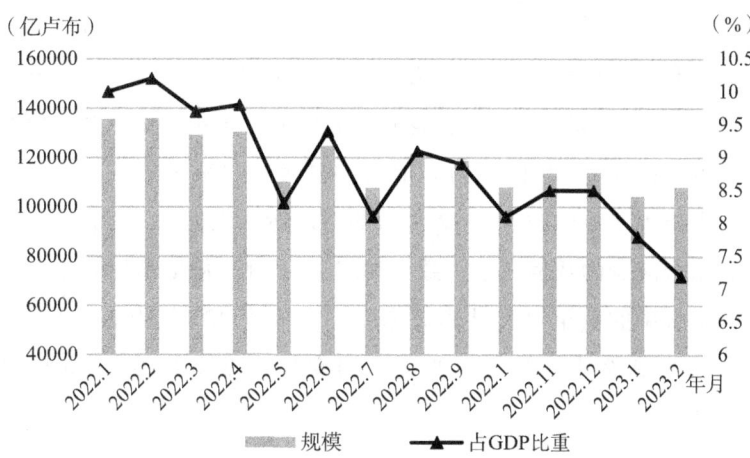

图 7-1　2022 年俄罗斯国家福利基金变化情况
资料来源：俄罗斯联邦财政部官方网站，https://minfin.gov.ru/.

（二）超额油气收入暂停计入国家福利基金

2022 年 3 月 9 日，俄罗斯通过了对预算法的修正案（第 53-ФЗ 号联邦法），规定 2022 年俄罗斯的超额油气收入不再计入国家福利基金，而是用于代替政府借款，偿还政府债务，履行国家公共监管义务，以及为政府的其他优先措施提供财政支持。该法案适用于 3 月 1 日至年底产生的超额油气收入，在此期间，俄罗斯财政部一直没有使用这部分储备购买外汇和黄金。盖达尔研究所金融研究室负责人韦杰夫·阿列克谢指出①，政府决定在 2022 年暂停累积超额油气收入的预算规则，是一个绝对理性的决定，这一决定旨在稳定卢布汇率，确保金融和宏观经济的平稳过渡。在这一政策调整下，俄罗斯国家福利基金的资金量可能会下降，但国家将有 5 万亿—6 万亿卢布的额外财政资源被直接计入联邦预算。

（三）利用国家福利基金弥补财政赤字

2022 年初，国家福利基金中有 13.8 万亿卢布。12 月，根据政府命令，

---

① АЛЕКСЕЙ ВЕДЕВ：《ОТКАЗ ОТ ПОЛИТИКИ НАКОПЛЕНИЯ - ЭТО АНТИКРИЗИСНАЯ МЕРА ПРАВИТЕЛЬСТВА》. https://www.iep.ru/ru/kommentarii/aleksey-vedev-otkaz-ot-politiki-nakopleniya-eto-antikrizisnaya-mera-pravitelstva.html.

俄罗斯拨出基金1万亿卢布以弥补预算赤字。由此,截至2023年1月1日,国家福利基金规模仅为10.4万亿卢布,流动资产余额①仅为6.1万亿卢布。可以发现,2022年,国家福利基金减少了3.4万亿卢布。值得注意的是,西方国家在2022年12月采取石油禁运和"限价令"后,俄罗斯联邦预算立即出现严重问题,仅12月份的财政赤字就为3.3万亿卢布,这与国家福利基金减少的数额几乎一致。2023年1月,俄罗斯财政部首次出售国家福利基金中的黄金以弥补预算赤字,金额为400亿卢布。2月,财政部会继续出售基金中的外汇,为此,国家福利基金将拨款1600亿卢布(见图7-2)。

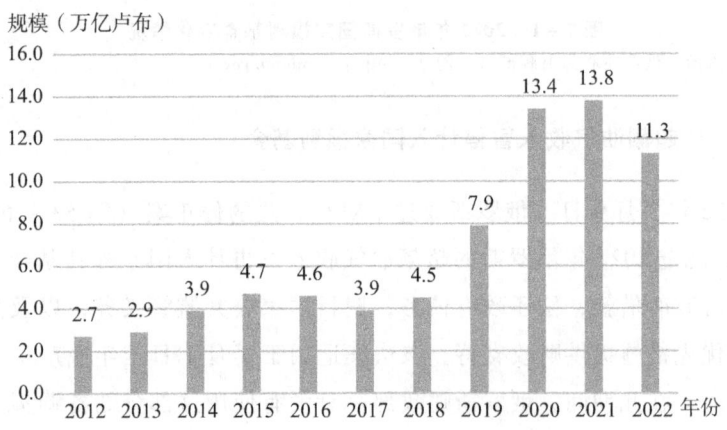

图7-2 2012—2022年俄罗斯国家福利基金变化情况

资料来源:俄罗斯联邦财政部官方网站,https://minfin.gov.ru/.

(四)移除外汇储备中的"不友好"货币

国家福利基金是俄罗斯黄金和外汇储备的重要组成部分。俄罗斯财政部于2021年规定,国家福利基金应由39.7%的欧元、30.4%的人民币、5%的英镑、4.7%的日元和20.2%的黄金构成②。然而,在制裁影响下,

---

① 即国家福利基金中可以快速出售的资产。
② 《Недружественную》валюту убрали из ФНБ. https://www.kommersant.ru/doc/4889391. 2021.07.07.

其在外国银行代理账户中的货币（人民币除外）受到制裁封锁，其中包括385亿欧元、41亿英镑和6003亿日元；其他资金存放在俄罗斯中央银行，投资于基础设施项目和股票①。据相关消息称，2022年俄罗斯财政部决定了国家福利基金的新结构，欧元、日元和英镑被排除在国家福利基金的货币构成之外。根据新的规定，人民币占比最高为60%，黄金的比例最高为40%，基金在俄罗斯银行的英镑和日元账户余额已重置为0②。截至2022年12月，国家福利基金包含3075亿元人民币、105亿欧元以及551吨非个人形式的黄金被单独存放在中央银行的账户中。

三、俄罗斯财政面临的形势与挑战

尽管2022年俄罗斯的财政形势并未受到制裁的强烈冲击，但2023年以来，联邦财政状况开始出现严重波动。就目前的情况来看，俄罗斯面临的形势不容乐观，联邦预算缺口迅速扩大、经济增长潜力受挫、财政储备充足性遭质疑、油气贸易形势极为严峻等问题，使俄罗斯财政经济面临较大风险。

（一）短期内俄罗斯联邦预算将持续赤字

俄罗斯在2023年伊始制定了近年最困难的联邦预算。财政部称，俄罗斯不得不在地缘政治危机和制裁的情况下确定收入和支出，西方国家对俄施加的制裁可能会限制国库的充实，乌克兰冲突给支出方面带来了额外负担。有专家称此次预算将成为现代俄罗斯历史上最为封闭的预算，几乎四分之一的支出都是机密的。根据联邦预算法案，2023年俄罗斯预算赤字将

---

① АЛЕКСЕЙ ВЕДЕВ:《ОТКАЗ ОТ ПОЛИТИКИ НАКОПЛЕНИЯ － ЭТО АНТИКРИЗИСНАЯ МЕРА ПРАВИТЕЛЬСТВА》. https：//www.iep.ru/ru/kommentarii/aleksey－vedev－otkaz－ot－politiki－nakopleniya－eto－antikrizisnaya－mera－pravitelstva.html.

② Дмитрий Гринкевич. Минфин решил перевести заблокированную часть ФНБ в юани и золото. https：//www.vedomosti.ru/finance/articles/2022/12/29/957707－minfin－reshil－perevesti. 2022.12.29.

达2.9万亿卢布。

1. 俄罗斯联邦预算收入有所下滑

2023年，俄罗斯联邦预算收入26.1万亿卢布，同比下降5.6%。其中，油气收入为8.9万亿卢布，占总收入的比重超过1/3；另外7万亿卢布来自国内增值税，近3.5万亿卢布来自进口增值税，企业所得税收入将为1.6万亿卢布，消费税收入1.2万亿卢布，关税收入0.7万亿卢布。未来三年，俄罗斯油气收入在预算收入中的份额将逐年下降。2023年，油气收入占联邦财政收入的比重将为34.2%，同比减少7.4个百分点；2024年为31.8%，2025年为30.3%（见表7-2）。

表7-2　　　　　2023—2025年俄罗斯联邦预算收入　　　　单位：亿卢布，%

	2023年	2024年	2025年
财政收入	261303	272398	279794
占GDP比重	17.4	17.1	16.4
包括：			
油气收入	89390	86563	84885
占财政收入比重	34.2	31.8	30.3
非油气收入	171913	185835	194909
占财政收入比重	65.8	68.2	69.7

资料来源：Об основных параметрах проекта Федерального бюджета на 2023 год и плановый период 2024 и 2025 годов.

2. 联邦预算支出相比于危机前时期显著增加

2023年，俄罗斯联邦财政计划支出29.1万亿卢布，相比于2021年增加4.3万亿卢布。根据2023年度预算披露的数据，联邦财政支出结构的变化主要呈现出如下几个特点：①国防和安全支出大幅增加。2023年，俄罗斯国防和国家安全支出超9万亿卢布，几乎是整个国民经济计划支出的3倍，与2021年同类支出相比增长了60%。②社会政策支出增加了近1万亿卢布。俄罗斯联邦财政中的社会政策计划支出7.3万亿卢布，包括养老金和各种社会支付，例如新的普遍儿童津贴，将有近1000万儿童的家庭领取该津贴，预算中的这部分支出约1.7万亿卢布。③国民经济支出同比减少了8000亿卢布。2023年，国民经济总计投入3.5万亿卢布。国家项目"数字经济""中小企业"以及"旅游和酒店业"的融资正在减少。俄罗斯计划花费1.2万亿卢布用于工业发展，其中4000亿卢布用于支出农工综合体。此外，俄罗斯经济预算刺激的目标之一是技术独立性，并计划拨款1.7万亿卢布用于现代技术的发展。这笔资金将于2023年开始使用，目的是在进口替代的关键领域创建现代化的研究和生产基地。④预算法案仅详细说明了77%的联邦财政支出计划，即1/4的联邦支出将处于机密状态。总的来说，2023年的预算将是俄罗斯现代史上最封闭的一年，之前的最高纪录是克里米亚危机后的2015年，当时21%的预算支出属于机密支出（见表7-3）。

表7-3　　　　2023年俄罗斯联邦预算支出结构　　　　单位：万亿卢布

项目	金额
总支出	29
社会政策	7.34
国防	4.98
国家安全	4.42
国民经济	3.51
全国性问题	1.99
国家和地方债务偿还	1.52
医疗卫生	1.47
教育	1.39
转移支付	1.09
住房公用事业	0.6
环境保护	0.34
文化、影视	0.2
大众传媒	0.12
体育	0.07

资料来源：Об основных параметрах проекта Федерального бюджета на 2023 год и плановый период 2024 и 2025 годов.

3. 国家福利基金成为预算赤字的主要补充来源

2023年，俄罗斯联邦预算赤字将主要由国家福利基金弥补，其次是政府借款。首先，俄罗斯计划从国家福利基金中提取 2.9 万亿卢布，与预算赤字的数额一致。鉴于以不友好国家货币计价的资产现已被冻结，俄罗斯出售外币的做法是在没有实际外币结算的情况下进行的。俄罗斯银行只是名义上将国家福利基金的外币从财政部的账户转移到自己的账户，并将真正的卢布贷记给政府，实际上，这是额外数量的货币被引入流通，因为英镑和欧元都没有进入外汇市场。此外，国家福利基金也有很大部分是中国货币，可以通过在证券交易所出售人民币以弥补财政赤字。其次，俄罗斯通过政府借款弥补赤字，以帮助保留国家福利基金。当前俄罗斯进入外债市场的机会非常有限，因此只能利用国内市场。2023 年，俄罗斯计划发行 2.5 万亿卢布的政府债券，2024 年发行 3.4 万亿卢布，2025 年与 2024 年大致相同①。

（二）存在陷入长期经济危机的风险

事实证明，俄乌冲突后俄罗斯的经济形势好于预期。据俄罗斯统计局初步估计，2022 年俄罗斯 GDP 下降了 2.1%，低于 2020 年新冠时期的降幅 3%，2022 年底 GDP 总量为 92 万亿卢布。这一形势好于俄罗斯与多个国际组织的预期。俄罗斯银行预测 2022 年俄罗斯 GDP 将下滑 2.5%，俄经济发展部预测下滑 2.9%，IMF 则预测 2022 年俄罗斯 GDP 下滑 3.4%。俄罗斯经济发展部称，2022 年俄罗斯固定资产投资估计下降幅度仅为 2%，失业率保持在历史低位，年失业率很可能不超过 4.2%；通过对养老金、最低生活保障、最低工资以及额外社会支付和福利进行指数化，俄罗斯人口实际收入的下降幅度较低。

然而，西方制裁没有击垮俄罗斯经济，但在一定程度上破坏了其发展潜力。俄罗斯经济发展部预计 2023 年 GDP 将进一步下降 0.8%，IMF 预测俄罗斯经济将象征性地增长 0.3%，世界银行则预计俄 GDP 将下滑 3.3%。经济学家认为，危机在短期内不会消退。相比于十年前，俄罗斯人口实际收入水平明显下滑。2014—2017 年，人口实际可支配收入跌幅超过 8%，

---

① https://journal.tinkoff.ru/budget-2023/.

几乎趋于停滞。截至2022年底，俄罗斯实际可支配收入仅为2013年的93.5%。此外，俄罗斯资金外流创历史新高。2022年，俄罗斯人在国外银行的资金量增加了两倍，俄罗斯人从俄罗斯的银行取走了40%以上的储蓄货币。俄中央银行估计，2022年的资金流出量为2170亿美元，创下20世纪90年代中期以来的最高纪录，并预测2023年还会有680亿美元的资金流出①。

（三）俄罗斯财政储备的充足性受到质疑

由于石油禁运和最高限价的生效，俄罗斯不仅原材料出口量减少，石油报价也大幅下跌。乌拉尔原油报价曾于2023年初跌至50美元/桶以下，这远低于财政部预算中70.1美元/桶的期望价格。俄罗斯专家认为，俄罗斯未来的预算情况不容乐观。此外，鉴于俄罗斯财政部开始出售国家福利基金中的人民币以补充预算，导致卢布汇率正在下降。因此，商品出口减少、石油和天然气价格下跌，以及卢布汇率不稳定等因素，都会导致俄罗斯的油气收入剧烈波动，进而可能导致更严峻的预算赤字。至2023年底，俄罗斯联邦财政赤字很可能远高于计划的3万亿卢布，而且不少专家都预测其将达到5万亿—7万亿卢布。国家没有太多选择来填补预算缺口。当前国外与国内市场都难以借到钱，印钞票也不是好的选择，因为可能导致通胀加剧，提高税收也意味着进一步推动经济和人口陷入危机。因此，使用国家福利基金仍是填补预算缺口最容易被接受的方法。

许多分析人士认为，国家福利基金将在很长一段时间都不够用，在目前的支出水平下，基金中的储备将仅能支撑至2024年底。并称，一个国家的生存可以没有这样的基金，但对俄罗斯而言拥有储备基金是十分必要的，这种"存钱罐"是依赖于某类商品出口国的典型做法。俄罗斯的石油、天然气等能源产品的出口量远超进口量，在丰收的年份将盈余储存在基金中，并在困难时期使用积累的储备，且储备的波动是绝对正常的。在当前情况下，俄罗斯国家福利基金的主要补充来源是石油和石油产品贸易

---

① 白帆（译）. 俄罗斯经济面临五大冲击. 中俄战略协作动态. 2023（03）（总第41期）.

的超额税收，但面对石油"限价令"的措施，当前石油超额收入减少，不少人对于基金的可持续性抱有较为悲观的态度①。即使在艰难的新冠疫情时期，俄罗斯也在尽量避免使用国家福利基金，但基金于2022年开始迅速枯竭。这笔资金究竟还能维持多久，仍是各方关注的问题。

（四）俄罗斯面临苏联解体以来最严峻的油气贸易形势

基于石油和天然气产业在俄罗斯经济结构中的关键地位，油气收入一直是俄罗斯财政与经济最重要的收入来源。尽管俄罗斯一直在致力于摆脱对于油气依赖，但能源行业的波动依然会严重冲击联邦财政的收入。一方面，欧盟放弃进口俄罗斯原材料后，俄罗斯失去了收益最高的石油和石油制品市场。另一方面，"北溪"遭到破坏、"亚马尔—欧洲"管道关闭，导致俄罗斯对欧盟的天然气出口降至最低水平。不仅如此，荷兰皇家壳牌集团、英国石油公司、埃克森美孚公司等西方石油巨头拒绝在俄罗斯投资，先进的研究制造部门拒绝向俄输出设备和技术。

尽管中国和印度等国的需求支撑了2022年俄罗斯的预算，但2023年的油气收入情况变得更加悲观。2023年1月，俄罗斯油气收入同比下降46%，主要原因在于天然气出口量下降，石油价格跌至49.48美元/桶。自3月起，俄罗斯将每日减产50万桶石油。俄罗斯乌拉尔原油将以全球基准布伦特原油的折扣额出售，如果石油价格再次开始上涨，财政部计划将石油企业的部分收入收归国库。为此，将针对石油企业引入新的税收核算方法，这将使预算增加6000亿卢布②。

四、总结与启示

整体来看，俄罗斯联邦财政较为有效地应对了制裁所带来的风险。目

---

① 资料来源：https://snn-mn.ru/.
② 2014年克里米亚危机以来，俄罗斯人口实际可支配收入仅在2018年、2019年与2021年实现了正增长，其余年份均为负增长，其中2017年下降幅度最低，为-0.5%，其次为2022年的-1%。

前，俄罗斯财政储备仍较充足，财政运行也较稳定，预算赤字处于可控范围内。俄罗斯财政应对危机的做法，有一定启示意义。

(一) 提高风险意识，统筹考虑平时财政与战时财政的关系，做到平战结合

俄罗斯运用资源优势及由其所带来的丰富财政储备，有效抵御了制裁的风险。在经历了数次危机和多年制裁之下，俄罗斯一直较为重视财政风险的防范与应对，这种意识也使其在此次困境中，成功避免了财政与经济的剧烈波动。目前，虽然西方国家未对我国产生直接威胁，但国家财政运行应具备风险意识，从而有助于其迅速由平时状态转为战时状态。

当前国际形势复杂多变，面对诸多不确定性，甚至是西方国家的制裁与打压，国家的财政与经济运行应当提前充分考虑可能出现的各种风险状态，一旦发生危机情形，财政经济应具备迅速转轨至战时状态的能力。也就是说，在平战状态下，应当重视战时财政动员的准备与意识。由此，提高战时财政风险防范意识，加强战时财政动员能力，对于应对危机以及突发事件具有重要意义。

(二) "挂钩"不"脱钩"，进一步强化与西方"你中有我，我中有你"的经贸关系

面临极限制裁，俄罗斯与西方经济脱钩趋势明显。整体来看，俄罗斯经济与西方经济的融合度相对较低，其能源和资源自我保障能力较强。即便如此，西方对其制裁带来的影响也是巨大的。中国与欧美经济的融合度远高于俄罗斯，西方与我国脱钩对我们的影响更大。例如，我国与欧盟、德国保持密切的产业联系与投资，与美国的贸易额高达数千亿美元。鉴于此，中国与美欧经济脱钩的做法既无必要、也无可能，不仅如此，应力争与西方国家保持最为紧密的经济往来与联系，要进一步强化与西方的"挂钩"关系。

(三) 重视预算稳定基金的关键作用

危机当前，俄罗斯稳定基金有效预防了战争与制裁对财政的冲击。在

这一过程中，俄罗斯将超额石油与天然气税收收入储备起来，用于弥补必要时的财政支出，对于缓解危机导致的财政收入骤减，发挥着不容忽视的缓冲与调节作用。我国于2007年建立了中央预算稳定调节基金，但其对于平衡跨期预算稳定的作用仍有限。由于没有形成长期稳定的筹资来源，目前基金规模偏小。近年，中央预算稳定调节基金占GDP的比重平均不足0.3%，这与俄罗斯国家福利基金最高达GDP的12%有着较大差距。基金规模偏小，使其不足以有效发挥储备和调节功能，更不用说应对较大规模风险。由此，应进一步重视预算稳定机制建设，明确预算稳定调节基金使用方向，利用各地优势建立长期筹资渠道。

（四）发挥跨年度预算管理的稳预期功能

在全面的制裁与封锁之下，俄罗斯的油气收入于2022年底开始产生波动，财政收入也面临较大的下降风险。2022年12月，俄罗斯出台了2023—2025年联邦预算法案，将2023年预算赤字规定在2%以内。而面临经济不景气、财政风险加大以及预期下滑的状况，新一年的预算能否有效执行，是俄罗斯联邦财政不容忽视的重要工作。由此，2022年12月，俄罗斯提前支出了次年的部分项目费用，目的是将2023年的预算赤字控制在2%的目标范围之内。这种跨年度预算平衡管理在一定程度上稳定了预期，提升了信心。